VEGAN KRASS LECKER

MARI HULT

MENTOR VERLAG

Für Oma, die mich gelehrt hat, gutes Essen wertzuschätzen.
Für Nussi, die mich gelehrt hat, das Leben wertzuschätzen.

Ich vermisse euch jeden einzelnen Tag.

Mari Hult, Autorin

Mari betreibt Norwegens größten und meistgelesenen vegetarisch-veganen Blog, vegetarbloggen.no. Seit 2010 hat sie unzähligen Menschen gezeigt, dass die vegane Küche sehr viel mehr zu bieten hat als nur Salat und Pommes frites. Sie ist bekannt für ihre spannenden Rezepte, ihr enormes Engagement und ihr großes Herz für heimatlose Katzen.

Mag Katzen, Cupcakes und Olivier Giroud.

Erik Sæter Jørgensen, Fotograf

Seine Fotografien werden in Galerien und Museen in Norwegen und im Ausland ausgestellt, und als Artist in Residence hatte er Aufenthalte in Deutschland und Österreich. In seinem beruflichen Alltag pendelt Erik zwischen Stavanger, London und Toulouse.

Mag Typografie, White Cubes und Ari Behn.

Annika Herold, Stylistin

Annika ist ausgebildete Grafikdesignerin und verdient ihr täglich Brot normalerweise mit digitalem Design und Projektmanagement.

Mag süße Brötchen, die Sonne und Hörbücher.

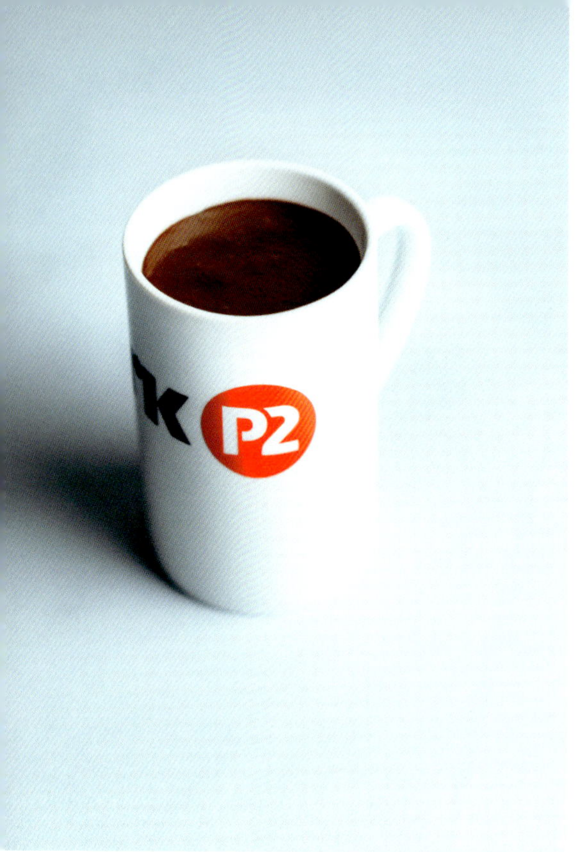
P2
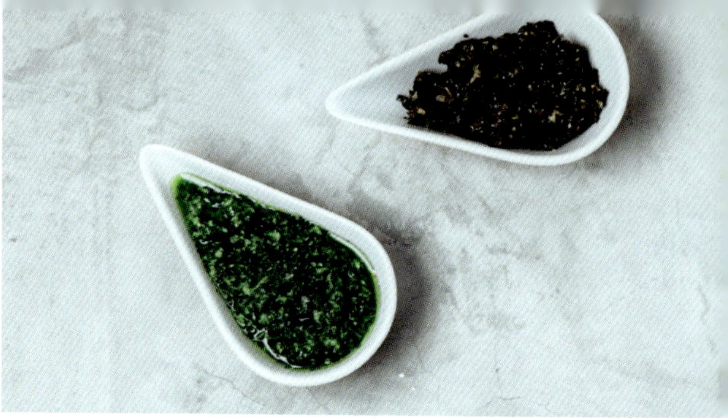
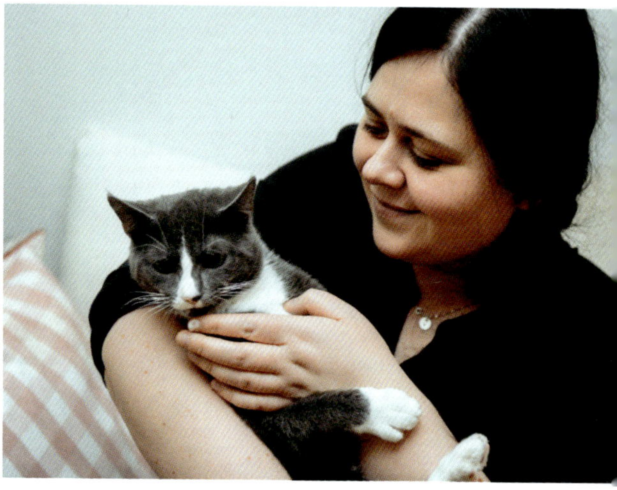
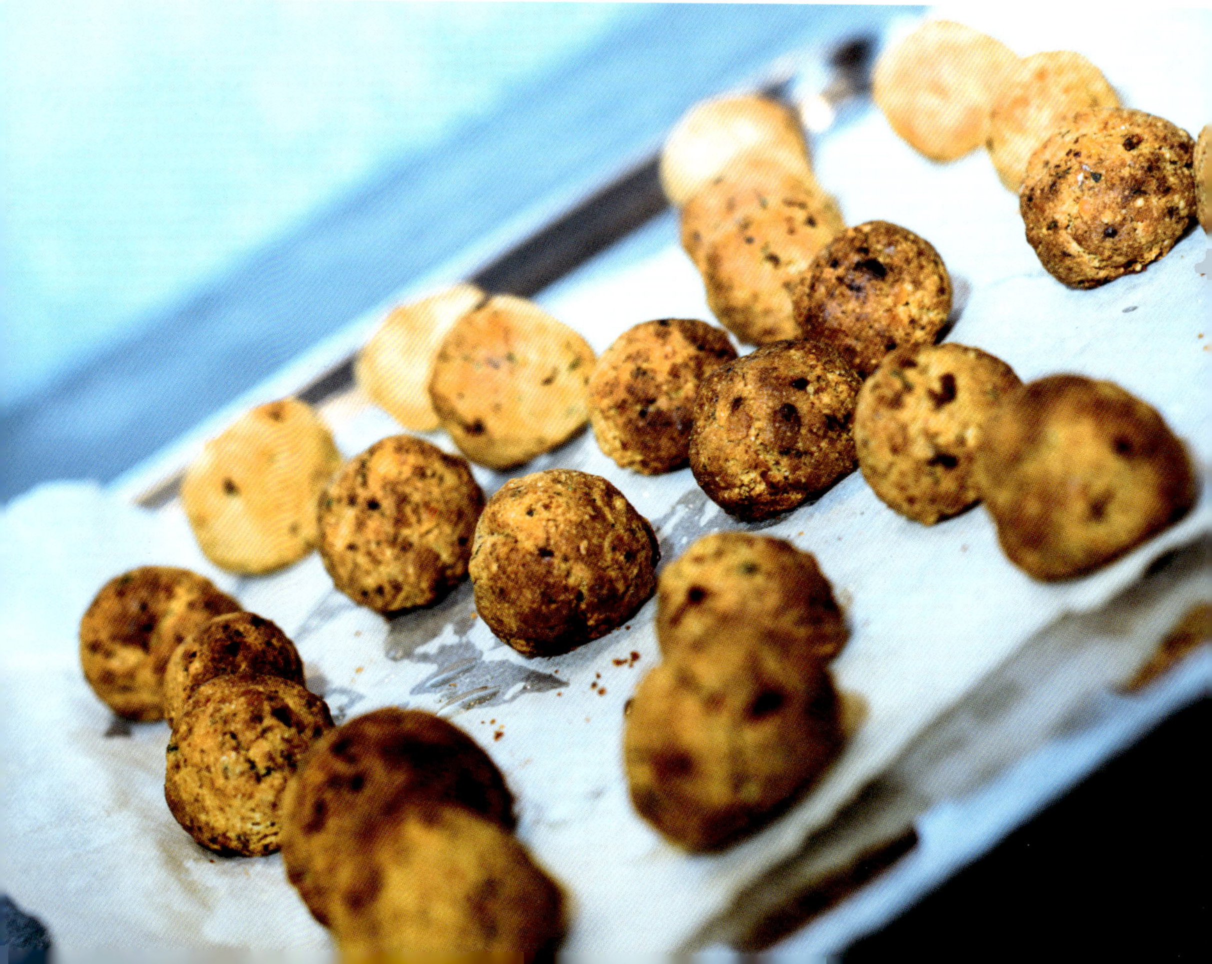

Krass, Mari!

Krass lecker? Was soll das denn heißen? Das fragen sich sicher einige, die eher zu Zeiten von „knorke" und „dufte" groß geworden sind. Irgendwo zwischen Jugendsprache und Slang angesiedelt, bedeutet „krass lecker" wohl, dass etwas fast zu gut ist, um wahr zu sein. Aber nur fast.

Genau wie Mari Hult selbst. „Hun ække sann", würde man in Stavanger über sie sagen. Grob übersetzt: zu gut, um wahr zu sein.

Auf jeden Fall ist es typisch Mari, aus dem Schaffensprozess dieses Buches eine große Party zu machen. Ich musste herzhaft lachen, als ich eine Episode darüber hörte. Mit 17 Freunden arbeitete sie vier Tage am Stück daran, die Fotos für die Gerichte in diesem Buch aufzunehmen. Ein bisschen wie eine Reality-Show, dachte ich mir: Sperr 18 Menschen in eine Küche und sag ihnen, dass sie erst wieder herauskommen dürfen, wenn sie zusammen das beste vegane Kochbuch Norwegens entwickelt haben!

Menschlich ist Mari ein richtiger Cupcake. Und sie ist die beste Food-Bloggerin Norwegens – nicht nur, was die vegane Küche angeht. Die besten Food-Blogger sind für uns Leser nämlich wie gute Freunde.

Heute gibt es fast keinen Ort mehr, an dem uns nicht das ein oder andere Rezept entgegenspringt. Wir brauchen uns nur in den Zug oder in das Flugzeug zu setzen und die Zeitschrift von der Rückenlehne unseres Vordermanns zu nehmen – und schwups, schon bekommen wir nebenbei auch noch ein Rezept mit auf den Weg. Doch wer hat das Essen zubereitet? Das erfahren wir nur selten. Viele der Rezepte, auch in Zeitschriften und Magazinen, stammen von Agenturen, die ihre anonymen und oft nur schlecht beschriebenen Rezepte immer wieder unter die Leute bringen.

Food-Blogger wie Mari nehmen uns an die Hand und führen uns sicher genau dorthin, wo wir so gern hinwollen: zu gutem Essen – Essen, das gut für Mensch, Tier und Umwelt ist. Wir wissen, dass wir ihnen vertrauen können. Mit ihnen wird alles etwas persönlicher.

In gewisser Weise ist dieses Buch ein Best-of aus Maris Blog, mit dem Besten aus zwei Welten. Ein handfestes Buch, aber auch eine ausgestreckte Hand, an der wir uns festhalten können. Ihre treuen Blog-Leser wollten ein Buch, und das hier ist Maris Antwort: ein Buch, mit dem sie sich für das freundschaftliche Verhältnis bedankt.

Was kochen wir heute, fragen wir uns – wir, die wir ein bisschen mit dem Leben als Veganer liebäugeln und an einem gewöhnlichen Dienstagabend vor dem Herd stehen. Mari weiß Rat, sie kennt uns. Deshalb findet hier zwischen der ersten und der letzten Seite eine Entwicklung statt. Zuerst zeigt uns Mari unkomplizierte Rezepte für alle, die in Sachen fleischfreie Ernährung noch ganz grün hinter den Ohren sind. Dann kommen wir langsam in Fahrt. Schließlich präsentiert sie Tipps und Tricks, die alle, die aufs Ganze gehen und sich für ein veganes Leben entscheiden wollen, mit Sicherheit verschlingen werden.

Mari Hult ist nicht der Typ Mensch, der alle dazu bekehren möchte, Veganer oder zumindest Vegetarier zu werden. Das muss sie auch nicht. Ihre Inspirationskraft reicht völlig aus.

Yngve Ekern, Food-Journalist, Autor und Referent

Es ist angerichtet!

Dieses Buch ist für alle gedacht, die mehr vegetarisches Essen auf ihren Tisch bringen möchten. Für alle, die in puncto Kochen noch grün hinter den Ohren sind, aber auch für alle, die sich in ein paar Jahren in der Küche eines hippen, veganen Restaurants in London sehen.

Zu lernen, ohne Fleisch, Fisch, Milch und Eier zu kochen, mag etwas furchteinflößend klingen. Doch wie bei fast all den kleinen und großen Prüfungen, die das Leben für uns bereithält, gilt es auch hier, der Furcht tief ins Auge zu blicken und zum Angriff überzugehen. Wenn selbst ich – nachdem ich dreißig Jahre lang schon beim bloßen Anblick einer Spinne loskreischte und die Beine in die Hand nahm – heute einfach ganz ruhig ein Blatt Papier und ein Glas hole und den Achtbeiner vor die Tür setze, dann sollte für die meisten von uns noch Hoffnung bestehen. Schnapp dir also dieses Buch und schlag deine Furcht vor veganem Essen ein für alle Mal in die Flucht.

Vegan kochen? Gar nicht so schwierig.

Wir fangen am Anfang an. Das Buch ist in drei Schritte mit langsam ansteigendem Schwierigkeitsgrad unterteilt. In jedem Teil führen wir neue Zutaten und Techniken ein. Das erste Kapitel ist so gestaltet, dass du alles, was du an Zutaten brauchst, im Laden um die Ecke bekommen solltest. Dann machen wir einfach einen Schritt nach dem anderen. Es ist wie das Laufenlernen: Bevor du dich's versiehst, rennst du schon mit dem Cappuccinobecher in der Hand dem Bus hinterher.

Immer mehr Menschen entscheiden sich für eine pflanzliche Ernährung. Ob aus Rücksicht auf die Tiere, die Umwelt oder die eigene Gesundheit, vermag ich nicht zu sagen. Aber ich sehe das zunehmende Interesse in den Medien, ich lese es an den Besucherzahlen meines Blogs ab, und ich erkenne es an all den Textnachrichten, die ich von Menschen erhalte, die ich noch nie in meinem Leben getroffen habe. Das freut mich ungemein! Denn ich möchte es allen Menschen leichter machen, die sich einen grünen Lebensstil und einen pflanzlichen Speiseplan wünschen.

Von einem bin ich fest überzeugt: Veganes Essen hat so unendlich viel mehr zu bieten als nur Salat und Pommes frites. In diesem Buch werden wir in Obst, Gemüse, Nüssen, Kernen, Hülsenfrüchten, Samen, Gewürzen, Kräutern und natürlich Schokolade nur so schwelgen. Und wir werden das Beste aus diesen Zutaten herausholen – aus jeder für sich und aus ihnen zusammen. Wir werden pflanzliche Lebensmittel mit völlig neuen Augen betrachten, und wir werden Gerichte genießen, die gut für die Tierwelt, gut für die Umwelt und nicht zuletzt auch ein Fest für die Geschmacksknospen sind.

In den vergangenen sechs Jahren habe ich in meinem Blog rund 2.000 Rezepte veröffentlicht. In diesem Buch habe ich nicht nur die besten der besten zusammengetragen, sondern habe es auch um einige neue Rezepte ergänzt, um die Sammlung zu komplettieren.

Machen wir uns also auf zur Startlinie und legen los!

In meinen Rezepten verwende ich mal Gemüsefond, mal Wasser mit Gemüsebrühepulver. Das eine ist immer gegen das andere austauschbar. Wenn das Gericht besonders gut werden soll, ist selbstgemachter Gemüsefond natürlich das Beste, aber er ist nie ein Muss. Lecker wird es so oder so.

Ich verzichte bewusst darauf, die Namen bestimmter Produktmarken zu verwenden (abgesehen von einigen wenigen Empfehlungen). Das kann etwas verwirrend sein, denn manche Markennamen sind zu einem so festen Begriff geworden, dass jeder weiß, wofür sie stehen. Falls du dir nicht sicher bist, was ich meine, kann eine einfache Google-Suche helfen. Ein Beispiel ist Speisestärke. Hierzulande sagen viele dazu einfach Mondamin, doch weil Mondamin verschiedene Produkte herstellt, habe ich mich für den Begriff Speisestärke entschieden. Im ersten Teil sollten allerdings keine ausgefallenen Produkte auftauchen. Falls du dir dennoch unsicher bist, such am besten online nach dem Begriff.

KÜCHENGERÄTE, DIE ICH HÄUFIG VERWENDE:

Küchenmaschine: die Art Mixer, die im Englischen als Food Processor bezeichnet wird. Du weißt schon, so eine Maschine mit einem Behälter, einem Messer-Einsatz und einem Deckel oben drauf. Wir verwenden sie zum Beispiel, um Zutaten zu zerkleinern oder fein zu mahlen.

Pürierstab: auch Stabmixer genannt. Das ist wahrscheinlich selbsterklärend. Wird verwendet, um Zutaten in dem Behälter zu zerkleinern, in dem sie sich schon befinden, zum Beispiel eine Suppe in einem Topf. Ein Pürierstab kann häufig als Ersatz für eine Küchenmaschine verwendet werden (und umgekehrt), doch bei größeren Mengen ist er nicht so effektiv.

Handrührgerät: ein in der Hand gehaltenes Gerät mit einem oder zwei Rührbesen oder Knethaken. Die Rührbesen verwenden wir zum Beispiel zum Schlagen von Sahne, die Knethaken zur Zubereitung von Brotteig.

fein hacken: die Zutaten in so kleine Stücke schneiden, wie du kannst, ohne dich zu schneiden; aber nicht so klein, dass sie am Ende wie gemahlen sind.

grob hacken: die Zutaten in größere Stücke schneiden als beim feinen Hacken. Es sollte noch erkennbar sein, um welche Zutat es sich handelt, mehr aber auch nicht.

schneiden: Zutaten quer schneiden.

in Ringe schneiden: rundes Gemüse in Scheiben schneiden.

Wasserbad: Wasser in einem Topf zum Kochen bringen und dann eine Schüssel auf den Topf setzen, in der die jeweilige Zutat geschmolzen oder erwärmt wird. Wird in diesem Buch eigentlich nur für Schokolade verwendet. Mit dieser Technik soll verhindert werden, dass die Zutat zu stark erhitzt wird.
Wasserdampf wird nie heißer als 100 Grad. Deshalb besteht so nicht die Gefahr, empfindliche Zutaten zu zerstören.

Backofen: Okay, was das ist, dürfte klar sein. Aber falls ich keine genaueren Angaben mache, verwenden wir Ober- und Unterhitze. Falls Umluft oder die Grillfunktion verwendet werden soll, weise ich im Text ausdrücklich darauf hin.

So, ich denke, jetzt sind wir startklar!

SCHRITT 1
ANFÄNGER

Begin the begin

Du bist Anfänger, was veganes Kochen angeht? Oder Anfänger in der Küche generell?

Dann bist du hier richtig.

Die Rezepte in diesem ersten Teil des Buches sind so gestaltet, dass du die Zutaten dafür in jedem noch so kleinen Dorfsupermarkt findest. Hier ist nichts Neues oder Furchteinflößendes dabei.

Die Sjenar-Inseln in Ryfylke, Südnorwegen: mein liebster Ort auf der ganzen Welt. In meinem Wochenendhäuschen dort koche ich in einer ziemlich bescheidenen Mini-Küche, und die zwei Einkaufsmöglichkeiten, die es in der Nähe gibt, sind beide relativ klein.
Die ersten Rezepte in diesem Buch sind so gestaltet, dass sie genau unter solchen Bedingungen zubereitet werden können.

1. BOHNENSPROSSEN
Lecker und reich an Nährstoffen. Passen zu so ziemlich allen Sandwiches, Wraps und Hauptgerichten.

2. SPEISESTÄRKE
Bei einer ganzen Reihe von Backwaren ein guter Ei-Ersatz. Speisestärke bindet Rührteige und kann auch zur Zubereitung dicker Soßen verwendet werden.

3. SOJASOSSE
Eine gute Quelle von umami, dem „fünften Geschmack", der in der Pflanzenwelt gar nicht so leicht zu finden ist. Verleiht eine geschmackliche Tiefe, die an Fleisch erinnern kann.

4. KOKOSMILCH

Fantastischer Ersatz für Kuhmilch und Sahne in Kuchen, Desserts und Hauptgerichten. Du kannst sie auch aufschlagen.

5. NÜSSE

Nüsse sind sehr vielseitig einsetzbar und reich an Proteinen und Fett – ein wichtiger Punkt bei einer rein pflanzlichen Ernährung. In diesem Buch stellen wir Aufstrich, Milch, Käse und ein Weihnachtsessen aus Nüssen her.

6. KERNE

Kerne sind ebenfalls reich an Fett und Proteinen. Du kannst sie als Ersatz für Nüsse verwenden, falls du dagegen allergisch bist. Kerne können wunderbar über Suppen und Salat gestreut werden, um für zusätzliche Nährstoffe zu sorgen.

SCHRITT 1: REZEPTE

FRÜHSTÜCK

KLEINIGKEITEN UND BEILAGEN

HAUPTGERICHTE

DESSERTS UND SÜSSES GEBÄCK

Frühstücksmüsli

EINFACH 10 Minuten Zubereitung, 30 Minuten Backen

Es geht doch nichts über ein selbstgemachtes Frühstücksmüsli. Sobald es einmal zubereitet ist, bist du optimal gerüstet, wenn es morgens schnell gehen muss. Dazu passt Nussmilch oder Joghurt aus Soja oder Hafer. Abgerundet mit frischen Beeren oder Marmelade wird das Frühstück damit zum Fest! Es kann auch als Dessert mit Bananeneis (Seite 78) oder Kokoscreme serviert werden.

Hier kannst du nach Herzenslust mit dem experimentieren, was du im Schrank hast! Flocken, Nüsse, Samen, Kerne … Der Fantasie sind keine Grenzen gesetzt. Achte nur darauf, dass das Verhältnis zwischen den trockenen Zutaten und der Flüssigkeit gleich bleibt.

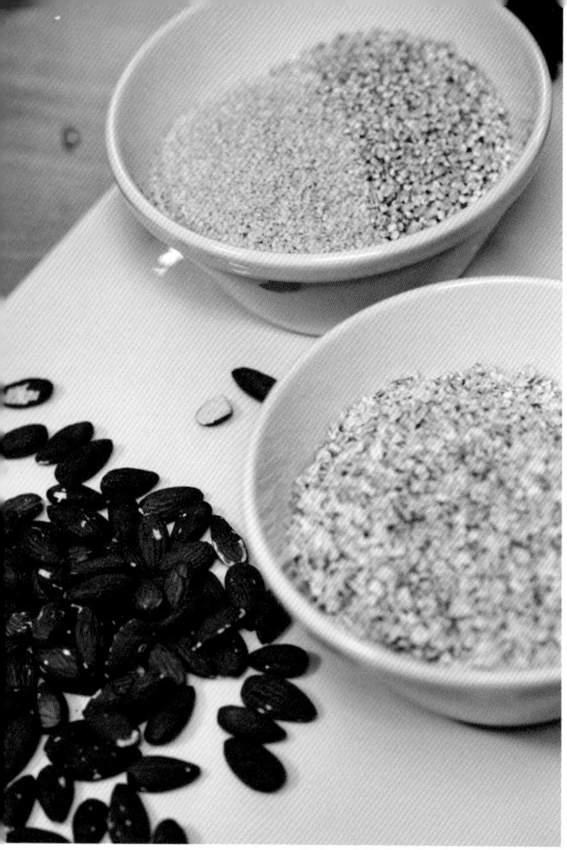
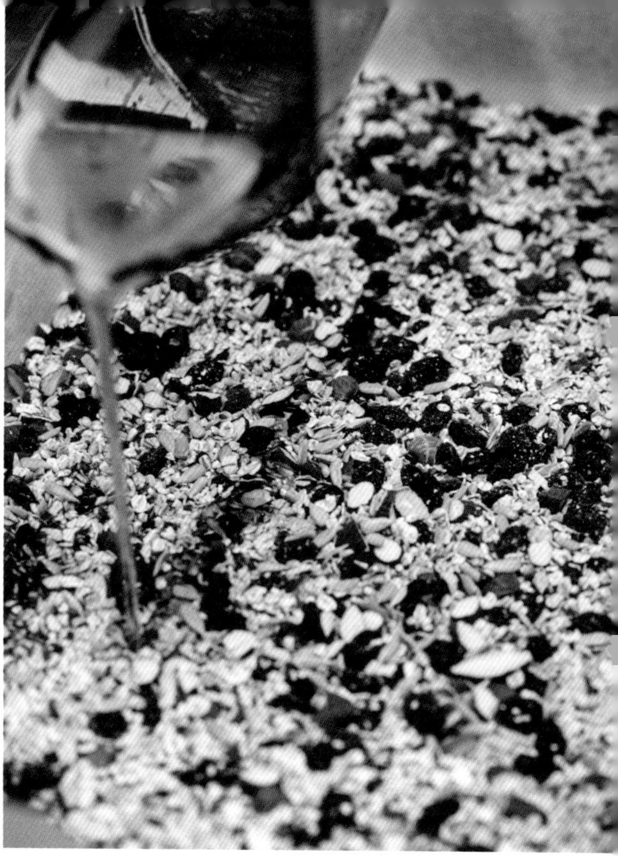
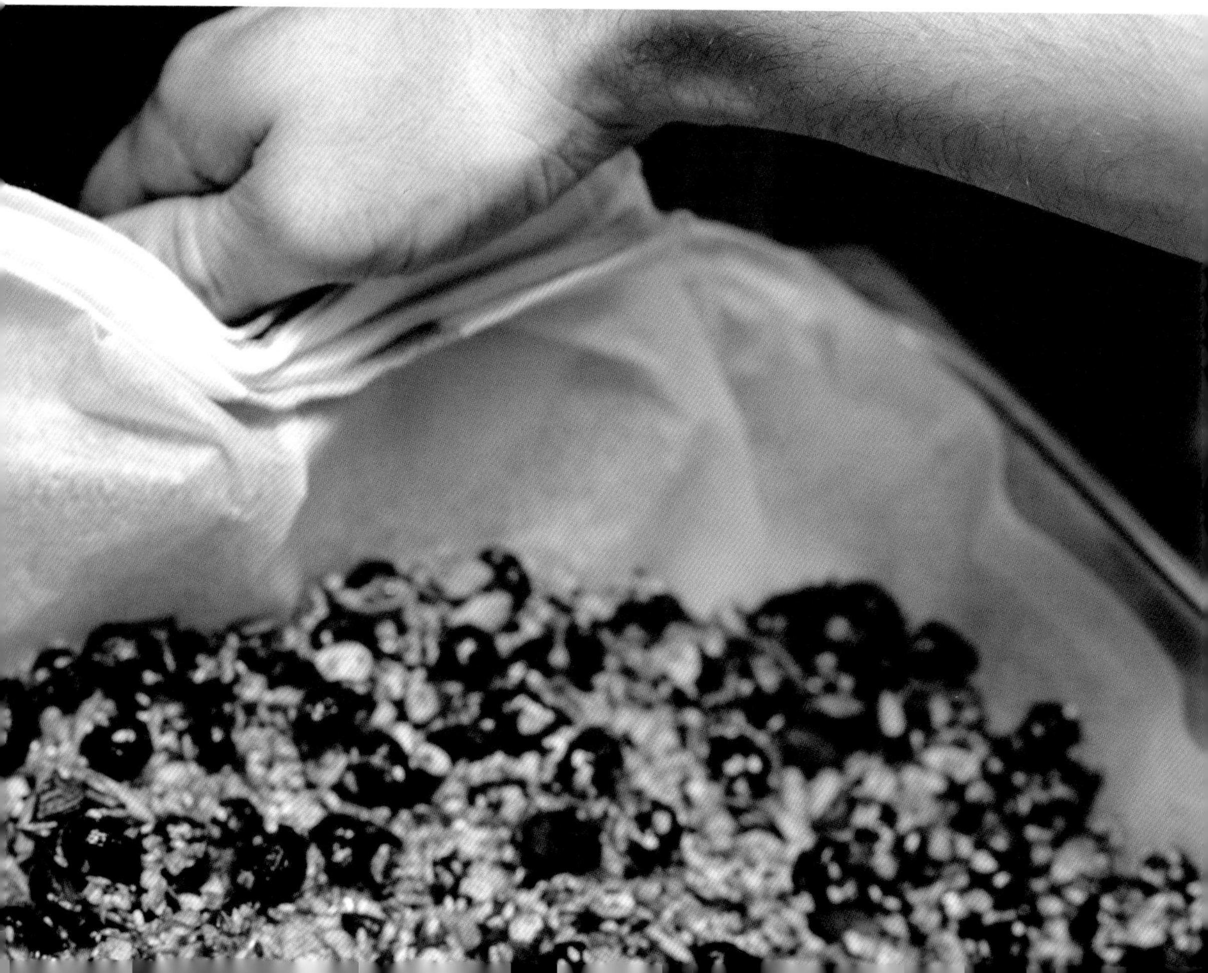

EIN GROSSES VORRATSGLAS

165 g Haferflocken

15 g Leinsamen

15 g Sonnenblumenkerne

20 g Gerstengraupen

15 g Sesamsamen

60 g Mandeln

100 ml Rapsöl

100 ml Ahornsirup

30 g Rosinen

100–150 g diverse Trockenfrüchte (z. B. Cranberrys,

Banane, Ananas, Mango und Papaya)

1. Heiz den Backofen auf 175 Grad vor. Leg ein Backblech mit Backpapier aus.

2. Gib die Haferflocken, Leinsamen, Sonnenblumenkerne, Gerstengraupen und Sesamsamen in eine Schüssel. Hack die Mandeln
   grob und gib sie dazu. Vermische in einer Schale das Rapsöl mit
   dem Sirup und gib es zu den trockenen Zutaten. Vermenge alles
   sorgfältig miteinander, sodass die Flüssigkeit gleichmäßig verteilt
   wird.

3. Heb die Rosinen jetzt unter, falls du sie am Rand gern etwas geröstet magst. Wenn nicht, gibst du sie zusammen mit den anderen
   Früchten nach dem Backen hinzu.

4. Verteil die Mischung auf dem Backblech und gib sie in den Ofen.
   Wende das Müsli alle 10 Minuten. Fertig ist es, wenn es überall eine goldbraune Farbe angenommen hat. Das dauert etwa
   30 Minuten. Lass es auf Zimmertemperatur abkühlen.

5. Gib das Frühstücksmüsli in eine Schüssel und füg die Trockenfrüchte hinzu. Vermenge alles sorgfältig miteinander und füll es
   in ein luftdichtes Vorratsglas. Bei Zimmertemperatur hält es sich
   mehrere Wochen.

Frühstücksmuffins
mit Tomate und Zucchini

EINFACH 10 Minuten Zubereitung, 30 Minuten Backen

Diese kleinen Leckerbissen machen sich wunderbar als Frühstück oder zum Mit-nehmen, und du kannst sie als Beilage zu Suppen oder Salaten servieren. Die Muffins schmecken gut, wie sie sind, freuen sich aber auch über etwas Margarine oder Frischkäse – beides gibt es selbstverständlich auch in der veganen Variante.

Der Rührteig eignet sich auch ausgezeichnet für Brot! In diesem Fall brauchst du eine etwa 20 cm lange Kastenform, und die Backzeit verdoppelt sich.

12 MUFFINS

2 EL Leinsamen

5 EL warmes Wasser

5 Kirschtomaten

½ Zucchini

einige Stängel Oregano

300 ml Nussmilch oder Kokosmilch

20 ml Olivenöl

1 TL Zwiebelpulver

½ TL Salz

1 TL Pfeffer

1 TL Backpulver

2 TL brauner Zucker

120 g Weizenmehl

120 g Weizenvollkornmehl

1 EL Kürbiskerne

1 EL Sonnenblumenkerne

TIPP: *Gemahlene Leinsamen + Wasser = Kleber! Wenn du Brotteig, Kuchenteig oder auch Burger ohne Ei binden willst, ist das das beste Klebemittel überhaupt.*

1. Heiz den Backofen auf 180 Grad vor. Gib 12 große Muffinförmchen in ein Muffinblech.

2. Mahle die Leinsamen in einer Kaffeemühle, einem Mörser oder Ähnlichem (du kannst auch bereits gemahlene Leinsamen kaufen). Verrühr sie mit dem Wasser. Lass die Masse 5 Minuten quellen.

3. Halbier die Tomaten. Raspel die Zucchini mit der groben Seite einer Reibe und hack den Oregano fein.

4. Verrühr die Zucchini, den Oregano, die Leinsamenmasse, die Nussmilch, das Olivenöl, das Zwiebelpulver, das Salz, den Pfeffer, das Backpulver und den Zucker in einer großen Schüssel miteinander.

5. Gib das Weizenmehl und das Weizenvollkornmehl hinzu und rühr es kurz kräftig mit dem Handrührgerät oder dem Schneebesen unter. Heb zum Schluss die Tomaten, die Kürbiskerne und die Sonnenblumenkerne unter.

6. Verteil den Teig auf die Muffinförmchen.

7. Gib die Muffins in den Ofen und back sie 25–30 Minuten. Prüf mit einem Holzstäbchen, ob sie fertig sind. Wenn Teig am Stäbchen kleben bleibt, brauchen sie noch etwas.

8. Die Muffins schmecken sowohl frisch aus dem Ofen als auch lauwarm oder kalt.

Schokoladenaufstrich

EINFACH 20 Minuten

Wenn Nüsse lange genug in der Küchenmaschine verarbeitet werden, passiert etwas Fantastisches mit ihnen. Nachdem sie zu Pulver zermahlen wurden, fangen sie langsam an, ihr Fett abzugeben. So können wir aus Nüssen einen wunderbar cremigen und leckeren Aufstrich herstellen. Wenn wir es besonders gut mit uns meinen, können wir noch die beste Zutat der Welt hinzugeben: Kakao. Ansonsten braucht es eigentlich nur ein bisschen Geduld.

Bei diesem Rezept kannst du mit verschiedenen Arten von Nüssen experimentieren. Wenn dir danach ist, kannst du die Nüsse vorher noch ein paar Minuten im Ofen rösten. Dann entwickeln sie einen noch kräftigeren Geschmack.

1 GLAS

200 g Haselnüsse
120 g Puderzucker
40 g Kakaopulver
2 EL Sonnenblumenöl
4–6 EL Nussmilch

1. Zermahl die Nüsse in der Küchenmaschine oder einem Mixer bei hoher Geschwindigkeit zu einem feinen Pulver. Lass die Maschine danach noch einige Minuten weiterlaufen, bis das Fett austritt. Gib den Puderzucker, den Kakao und das Sonnenblumenöl hinzu und mix die Zutaten weiter, bis eine feste Masse entsteht. Verdünne die Masse mit Nussmilch, bis die gewünschte Konsistenz und der gewünschte Geschmack erreicht sind.

2. Bewahr den Aufstrich gekühlt in einem luftdichten Glas auf.

Knäckebrot

MITTEL 10 Minuten Zubereitung, 1–2 Stunden Backen

Ich weiß gar nicht, wie oft ich schon gefragt wurde, was ich eigentlich aufs Brot esse. Nimmt man die tierischen Produkte weg, bleibt an Belag nicht mehr viel übrig – zumindest an klassischem Belag. Die Frage ist deshalb gar nicht so leicht zu beantworten. Ich würde ja gern ein Vorbild in Sachen gesunder und ausgewogener Ernährung sein, aber ehrlich gesagt: Was ich auf dem Brot am liebsten mag, ist Erdnussbutter mit Marmelade. Falls ich irgendwann mal etwas anderes behaupten sollte, flunkere ich sicher, um jemanden zu beeindrucken.

Diese Kombination habe ich von meiner lieben amerikanischen Tante Jo, und sie schmeckt mir heute noch genauso gut wie damals, als ich vier Jahre alt war. Wie trickse ich also mein Gewissen aus, wenn ich so eine Fett- und Zuckerbombe verputze? Ganz einfach: Ich ersetze die dicken Brotscheiben durch selbstgemachtes Knäckebrot, randvoll mit Nährstoffen. Das schmeckt richtig gut und lässt sich überraschend leicht selbst herstellen. Wenn es in deinen Wochenendplan passt, kannst du gut jeden Sonntag Knäckebrot für die ganze Woche vorbereiten.

CIRCA 36 SCHEIBEN KNÄCKEBROT

120 g grobes Weizenvollkornmehl

50 g Weizenkleie

80 g Haferkleie*

120 g Sonnenblumenkerne

70 g Haferflocken

60 g Sesamsamen

60 g Leinsamen

2 TL Salz

700 ml Wasser

*Falls du keine Haferkleie bekommst,
kannst du die Menge an Weizenkleie
verdoppeln.

1. Leg drei Backbleche mit Backpapier aus. Heiz den Backofen auf 175 Grad vor. Ich empfehle Umluft. Dann kannst du alle Bleche gleichzeitig backen.

2. Gib alle trockenen Zutaten in eine große Schüssel.

3. Gib das Wasser hinzu und verrühr alles sorgfältig miteinander. Lass die Masse mindestens 20 Minuten quellen.

4. Gib den Teig auf die drei Backbleche. Benutz einen Pfannenwender oder einen Teigspatel, um ihn überall gleichmäßig zu verteilen. Der Teig sollte eine dünne Schicht ergeben, idealerweise nur 2–4 mm dick. Hab Geduld, dann bekommst du das hin.

5. Back das Knäckebrot zunächst 10 Minuten. Nimm dann die Bleche aus dem Ofen und schneide das Knäckebrot mit einem Messer oder einem Pizzaroller auf die gewünschte Größe zu. Bei mir ergibt ein Blech in der Regel 12 Scheiben.

6. Pack die Bleche zurück in den Ofen und back das Knäckebrot weiter, bis es schön goldbraun ist. Das sollte 25–30 Minuten dauern. Stell den Ofen aus, öffne die Tür und lass das Knäckebrot 10 Minuten auskühlen, bevor du es endgültig zuschneidest (normalerweise sind noch Spuren vom ersten Schneiden zu sehen, manchmal schließen sich die Schnitte aber auch beim Backen). Du solltest das Knäckebrot unbedingt schneiden, solange es noch warm ist. Wenn es ganz ausgekühlt ist, wird es schwieriger. Falls du keine Umluft verwendest, braucht das Knäckebrot ein paar Minuten länger im Ofen.

7. Leg die Knäckebrotscheiben zum Auskühlen auf ein Gitter. Bewahr sie in einer luftdichten Dose auf.

TIPP: *Experimentier ruhig mit verschiedenen Arten von Mehl, Kernen und Samen. Das Wichtigste ist, dass das Verhältnis der trockenen Zutaten zum Wasser ungefähr gleich bleibt.*

Brötchen ohne Kneten

5 Minuten Zubereitung, 12 Stunden Gehen, 15 Minuten Backen

Lust auf frisch gebackene Brötchen eine halbe Stunde nach dem Aufwachen? Dann ist dieses Rezept genau das Richtige für dich. Den Teig rührst du am Vorabend schnell zusammen und wenn du aufstehst, brauchst du nur noch den Backofen einschalten, den Teig in ein Muffinblech geben, und der Ofen erledigt den Rest.

Du hast kein Muffinblech? Dann mehl deine Hände gut ein, form Brötchen aus dem Teig und back sie auf einem Backblech mit Backpapier.

12 BRÖTCHEN

500 g Weizenmehl + etwas für die Förmchen
1½ TL Salz
¼ TL Trockenhefe
400 ml Wasser + etwas zum Besprühen
Mohnsamen

TAG 1

1. Vermeng in einer großen Schüssel das Mehl mit dem Salz und der Trockenhefe. Gib dann das Wasser hinzu und verrühr alles kurz miteinander.

2. Deck die Schüssel mit einem Geschirrtuch ab. Lass den Teig über Nacht auf der Arbeitsplatte gehen.

TAG 2

3. Heiz den Backofen auf 220 Grad vor. Such ein Muffinblech mit 12 Mulden heraus. Bestäub den Boden und die Seitenwände der Mulden mit etwas Mehl.

4. Verteil den Teig mit einem Esslöffel auf die Mulden. Sie sollten etwa zu zwei Dritteln gefüllt sein.

5. Besprüh die Oberseite der Brötchen mit Wasser. Falls du keine Sprühflasche hast, befeuchte einfach deine Hände und träufele das Wasser so über den Teig. Wenn es besonders gut werden soll, kannst du auch einen Pinsel nehmen. Streu am Ende die Mohnsamen darüber.

6. Back die Brötchen 10–15 Minuten, bis sie schön goldbraun sind.

7. Die Brötchen lassen sich leichter aus der Form lösen, wenn sie etwas abgekühlt sind. Trenn sie mit einem Messer von den Seitenwänden, falls sie festhängen.

Crostini mit drei Toppings

EINFACH 30 Minuten

Diese Häppchen sind super, um sie bei einer Dinnerparty zu servieren, bevor deine Gäste Platz nehmen. Richte sie am besten auf großen Servierplatten an. Crostini sind auch eine relativ einfache Möglichkeit, ein Buffet aufzustocken, wenn du Angst hast, dass es nicht reicht (und die Gäste schon auf dem Weg sind).

Dieses Crostini-Rezept ist für ein Topping gedacht. Wenn du alle drei machst, brauchst du drei Baguettes (oder ein sehr großes).

CIRCA 20 CROSTINI

1 Baguette
Olivenöl
3 Knoblauchzehen

1. Heiz den Backofen auf 180 Grad vor. Schneide das Baguette in ungefähr 1 cm dicke Scheiben. Leg die Scheiben auf ein mit Backpapier ausgelegtes Backblech. Pinsele die Scheiben auf beiden Seiten mit Olivenöl ein. Gib sie in den Ofen, bis sie goldbraun und leicht knusprig sind. Das dauert etwa 10 Minuten.

2. Schäl den Knoblauch, schneide die Zehen in zwei Hälften und reib die Baguettescheiben damit ein.

3. Bereite eines oder mehrere der Toppings zu. Gib etwa einen Esslöffel davon auf jede Baguettescheibe.

TOMATENSALAT

6 Eiertomaten
1 Schalotte
5–6 Stängel Basilikum
Salz und Pfeffer

1. Bring einen Topf mit Wasser zum Kochen. Schneide die Tomaten unten kreuzweise ein und gib sie für etwa 15 Sekunden in das kochende Wasser. Leg sie danach in eiskaltes Wasser. Zieh anschließend die Haut ab. Halbier die Tomaten und entferne das Innere. Schneide den Rest der Tomaten in sehr kleine Würfel.

2. Hack die Schalotte fein und hack oder reiß das Basilikum klein. Vermeng die Schalotte und das Basilikum vorsichtig mit den Tomaten und schmeck den Salat mit Salz und Pfeffer ab.

GRÜNKOHLPESTO

60 g Pinienkerne
ca. 400 g Grünkohl
3 EL Olivenöl
1 Knoblauchzehe
Saft von 1 Zitrone
einige Stängel Petersilie
Salz und Pfeffer

1. Bring eine Pfanne auf hohe Hitze. Gib die Pinienkerne (ohne Öl) hinein und röste sie kurz. Wende sie dabei regelmäßig. Wenn sie eine goldbraune Farbe bekommen, sind sie fertig. Gib sie in eine kalte Schüssel. Wenn du sie in der Pfanne lässt, brennen sie an.

2. Putz den Grünkohl und schneide ihn in kleinere Stücke. Entferne die härtesten Teile des Stiels.

3. Gib die Pinienkerne, den Grünkohl, das Olivenöl, den Knoblauch, den Saft der ausgepressten Zitrone, die Petersilie, Salz und Pfeffer in die Küchenmaschine und verarbeite alles zu einer homogenen Masse. Schmeck das Pesto eventuell noch mit etwas Zitronensaft, Salz und Pfeffer ab.

TAPENADE

150 g schwarze Oliven
1 EL Kapern
2 Knoblauchzehen
2 EL Olivenöl
1 TL Zitronensaft
Pfeffer

1. Entsteine die Oliven.

2. Gib das Fruchtfleisch, die Kapern, den Knoblauch, das Öl und den Zitronensaft in die Küchenmaschine und mixe alles kurz durch. Die Zutaten sollen nur grob gehackt werden.

3. Schmeck die Tapenade mit Pfeffer ab.

TIPP: *Hast du noch Brot übrig, das schon langsam hart wird und nicht mehr so richtig verlockend ist? Pinsele die Scheiben oder Stücke mit Öl ein und back sie wie hier beschrieben im Ofen – schon werden langweilige Reste zum Festschmaus!*

Kartoffel-Pastinaken-Puffer

MITTEL 45 Minuten

In der jüdischen Küche heißen diese Puffer „Latkes" und werden sowohl mit herzhaften als auch mit süßen Beilagen serviert. Sie schmecken zum Frühstück gut mit Marmelade, noch besser aber mit einer salzigen Aioli. Auch als Beilage zu Hauptgerichten eignen sie sich ausgezeichnet. Wenn du nicht alle auf einmal schaffst, halten sie sich über Nacht gut im Kühlschrank.

Du kannst sie auch nur mit Kartoffeln zubereiten, falls du keine Pastinake bekommst. Verwende dann zwei Kartoffeln mehr.

10–12 STÜCK / 4 PORTIONEN

etwas Öl
3 Kartoffeln
2 Pastinaken
1 Schalotte
3 EL Kartoffelmehl
½ TL Backpulver
1 TL Salz
etwas Pfeffer

1. Heiz den Backofen auf 165 Grad vor. Leg ein Backblech mit Backpapier aus und reib es mit etwas Öl ein.

2. Schäl die Kartoffeln und die Pastinaken und raspele sie von Hand oder mit einer Küchenmaschine mit Reibfunktion. Gib die Raspel auf ein sauberes Geschirrtuch und drück so viel Flüssigkeit wie möglich heraus.

3. Hack die Schalotte fein.

4. Gib die Kartoffeln, die Pastinaken, die Schalotte, das Kartoffelmehl, das Backpulver, das Salz und den Pfeffer in eine Schüssel und verarbeite alles zu einem möglichst festen Teig. Forme Puffer aus dem Teig und verteil sie auf dem Backblech. Sie sollten 1–2 cm dick sein. Gib sie für etwa 15 Minuten in den Ofen. Nimm das Backblech heraus, wende die Puffer und back sie noch einmal ungefähr 15 Minuten.

Tortilla-Wraps mit Meerrettich-Creme

EINFACH 1 Stunde Einweichen, 15 Minuten Zubereitung

Diese Wraps eigenen sich wunderbar als Proviant. Meerrettich gibt es am Stück oder gerieben zu kaufen. Du findest ihn in der Gemüseabteilung.

8 WRAPS

100 g Cashewnüsse
Wasser
Saft von ½ Zitrone
1 TL geriebener Meerrettich
Salz
1 Apfel
1 Möhre
8 Tortillas
etwas Spinat oder Salat
100 g Bohnensprossen

1. Lass die Nüsse eine Stunde in Wasser einweichen, bevor du beginnst. Gieß sie danach in ein Sieb ab und gib sie in die Küchenmaschine. Press die Zitrone aus und gib den Saft sowie 1 Esslöffel Wasser, den Meerrettich und etwas Salz hinzu. Verarbeite alles bei höchster Geschwindigkeit zu einer glatten Creme. Gib bei Bedarf noch etwas Wasser hinzu und schmeck die Creme eventuell noch mit etwas Meerrettich und Salz ab.

2. Reib den Apfel und die Möhre.

3. Bestreich die Tortillas mit der Cashewcreme. Leg danach die ande-ren Zutaten in einem Streifen quer auf die Tortilla: den Spinat oder Salat, den Apfel, die Möhre und die Bohnensprossen. Roll die Tortilla zu einem Wrap zusammen und servier sie.

TIPP: *Falls es dich einmal nach Norwegen verschlägt, probier dieses Rezept unbedingt mit dem klassischen norwegischen Fladenbrot, dem Lefse aus Kartoffeln, aus (am besten „Gjøvik Lefse").*

Die beste Focaccia der Welt

EINFACH 10 Minuten Zubereitung, 12–18 Stunden Gehen, 30 Minuten Backen

Das ist bei mir DAS Rezept, auf das ich zurückgreife, wenn ich Besuch bekomme. Jeder liebt dieses Brot, und es passt praktisch alles dazu. Hummus? Jep. Aioli? Jep. Pasta? Jep. Tomatensuppe? Jep. Schokoladenaufstrich? Vielleicht etwas überraschend, aber auch hier ganz klar: Jep.

Was das Topping angeht, kannst du nach Lust und Laune experimentieren. Kräuter, fein geriebener Knoblauch, Samen, Kerne, sonnengetrocknete Tomaten und grob gehackte Oliven zählen zu meinen persönlichen Favoriten.

1 FOCACCIA

500 g Weizenmehl
¼ TL Trockenhefe
1½ TL Salz
400 ml Wasser
5 sonnengetrocknete Tomaten
einige Stängel frischer Thymian
(kann durch getrockneten ersetzt werden)
50 ml Olivenöl
Meersalz

1. Vermeng in einer großen Schüssel das Mehl mit der Hefe und dem Salz. Gib unter Rühren nach und nach das Wasser hinzu. Der Teig soll fest, aber klebrig sein. Deck die Schüssel ab und lass den Teig 12–18 Stunden auf der Arbeitsplatte gehen.

2. Heiz den Backofen auf 200 Grad vor. Leg eine mittelgroße Ofenform (etwa 25 × 15 cm) mit Backpapier aus. Schneide die sonnengetrockneten Tomaten in relativ kleine Stücke und weich sie 10 Minuten ein, falls sie nicht schon eingelegt waren.

3. Stürz den Teig in die Form. Verteil ihn mit den Händen möglichst gleichmäßig.

4. Drück die Tomatenstücke in den Teig. Hack den Thymian grob und streu ihn auf den Teig. Gib danach das Olivenöl darüber und stich mit den Fingern viele kleine Löcher in den Teig, damit sich das Öl gut verteilt. Drück ruhig auch die Tomaten und den Thymian in den Teig. Zum Schluss streust du Meersalz über das Brot.

5. Back das Brot 30–35 Minuten. Am Ende soll es oben eine schöne goldbraune Farbe haben.

6. Lass die Focaccia etwas abkühlen, bevor du sie schneidest.

Tomatensuppe

EINFACH 10 Minuten Zubereitung, 1 Stunde Backen

Dass es möglich ist, Tomatensuppe ohne Instantpulver aus der Tüte zu kochen, ist sehr, sehr vielen Menschen neu.

Anders ausgedrückt: Mit diesem Rezept kannst du leicht Eindruck schinden, ohne dafür besonders viel tun zu müssen. Selbstgemachte Tomatensuppe ist einfach zubereitet, lecker, günstig und reich an Nährstoffen. Besonderen Pep bekommt das Ganze, indem wir die Tomaten im Ofen backen, bevor wir Suppe daraus machen. Schließlich wird alles besser, wenn man es im Ofen backt.

2 PORTIONEN

500 g Tomaten, gern verschiedene Sorten

4 Knoblauchzehen

einige Stängel Thymian

1 EL Olivenöl

Salz und Pfeffer

1. Heiz den Backofen auf 100 Grad vor. Such eine mittelgroße Ofenform heraus.

2. Schneide bei den Tomaten den harten Stielansatz oben heraus. Halbier die Tomaten und leg sie in die Form. Schäl den Knoblauch, hack den Thymian grob und leg beides zu den Tomaten in die Form. Gib zum Schluss das Olivenöl darüber.

3. Back die Tomaten ungefähr 1 Stunde, bis sie schön goldbraun sind. Gib alles in die Küchenmaschine oder einen Mixer und verarbeite es zu einer schön glatten Suppe. Schmeck sie mit Salz und Pfeffer ab.

4. Servier die Suppe sofort. Du kannst sie gern noch mit etwas Thymian und Olivenöl garnieren.

TIPP: *Hast du es eilig? Erhöhe die Temperatur auf 180 Grad, dann geht es schneller. Die Tomaten sind fertig, wenn sie anfangen, leicht angebrannt auszusehen.*

Griechische Kartoffeln

EINFACH 10 Minuten Zubereitung, 1 Stunde Backen

Meine Freundin Annika ist kein großer Fan von Kartoffeln. Wenn etwas auf ihrem Teller übrig bleibt, dann sind es immer die Kartoffeln. Ich weiß nicht, wer von uns beiden überraschter war – sie oder ich –, als sie alle Tischmanieren vergaß und die Form auskratzte, als ich ihr diese Kartoffeln hier zum ersten Mal servierte. Das will etwas heißen.

Sie schmecken genau wie die besten Kartoffeln, die du in griechischen Restaurants bekommst. Das Geheimnis liegt darin, dass wir die Kartoffeln gleichzeitig kochen, braten und backen. Probier sie selbst, du wirst sehen! Und schmecken …

Hier ist Improvisieren mit Kräutern ausdrücklich erlaubt. Niemand wird böse, wenn du frischen Thymian anstelle von frischem Oregano verwendest oder wenn du stattdessen etwas Basilikum oder Petersilie hineinmogelst. Wenn du den Kartoffeln noch eine ganz besondere Note verleihen willst, kannst du etwas Zitronenschale darüberreiben.

2 PORTIONEN

5 Kartoffeln
etwas Meersalz
1 TL getrockneter Oregano
1 TL getrockneter Rosmarin
1 TL getrockneter Thymian
4 EL Olivenöl
Wasser
eventuell etwas frischer Oregano zum Servieren

1. Heiz den Backofen auf 200 Grad vor. Schäl die Kartoffeln und schneide sie in 3 oder 4 Stücke. Verteil sie in einer Ofenform. Bestreu sie mit Salz, Oregano, Rosmarin und Thymian und träufele das Olivenöl darüber. Gieß danach so viel Wasser in die Form, dass die Kartoffeln gerade eben bedeckt sind.

2. Stell die Form in den Ofen. Verringere die Temperatur nach 45 Minuten auf 150 Grad. Lass die Form im Ofen, bis das gesamte Wasser verschwunden ist und die Kartoffeln schön goldbraun sind.

3. Streu noch etwas frischen Oregano über die Kartoffeln und servier sie heiß.
   Sehr gut passen dazu zum Beispiel Falafel (Seite 134) oder Burger (Seite 119).

Grünkohlsalat

EINFACH 15 Minuten

Bei Mutti schmeckt es doch immer noch am besten. Meine Mama weiß so gut wie niemand sonst, was ich mag, und kann immer vorhersagen, was bei mir gut ankommen wird. Dieses Rezept hier fand sie in einem Rezeptheft, das sie aus dem Supermarkt mitgenommen hatte. Sie hatte nicht vor, den Salat selbst zu machen, dachte dabei aber sofort an mich. Mütter haben einen sechsten Sinn für so etwas. Ich nahm das Rezept mit nach Hause und obwohl ich keinen Hunger hatte, bereitete ich den Salat sofort zu. Der Geschmack? Besser als erwartet. Viel besser. Verratet bloß meiner Mutter nicht, dass ich das gesagt habe, aber sie hat einfach immer recht.

2 PORTIONEN

½ Brokkoli
2 Knoblauchzehen
200 g Grünkohl
Öl zum Braten
Salz und Pfeffer
1 Granatapfel
etwas Petersilie

1. Reib den Brokkoli mit einer Reibe (so grob wie möglich).

2. Hack den Knoblauch fein. Schneide den Grünkohl in Streifen. Entferne die dicksten Stiele.

3. Bring das Öl in einer Pfanne auf mittlere/hohe Hitze. Gib den Brokkoli und den Grünkohl hinein. Brate alles ein paar Minuten an.

4. Gib den Knoblauch hinzu und heb ihn unter die restlichen Zutaten.

5. Schmeck das Gemüse mit Salz und Pfeffer ab.

6. Löse die Kerne aus dem Granatapfel und hack die Petersilie fein. Nimm die Pfanne vom Herd und heb den Granatapfel und die Petersilie unter.

7. Servier den Salat!

TIPP: *Das Herauslösen der Kerne aus dem Granatapfel kann eine ganz schöne Sauerei sein. Ich stelle mir immer eine Schüssel mit Wasser bereit, schneide den Granatapfel in zwei oder vier Teile und löse die Kerne in der Schüssel heraus. Dann sinken die Kerne nach unten und der Rest schwimmt oben. Wenn ich das Wasser abgieße, sind nur noch die Kerne übrig.*

Indischer Reis

EINFACH 30 Minuten

Was ich an indischen Restaurants so toll finde – mal abgesehen von den ganzen wunderbaren Geschmackserlebnissen – ist, dass sie immer so viele unterschiedliche Sachen servieren. Die Beilagen sind mindestens genauso gut wie das eigentliche Gericht. Man kommt herein, sucht sich Knoblauch-Naan-Brot, Papadams, Mango-Chutney und indischen Reis heraus und denkt vielleicht gar nicht richtig darüber nach, was da auf den Tisch kommen wird. Zumindest mir geht es so! Ich habe sehr viele verschiedene Varianten von indischem Reis ausprobiert, aber diese hier ist eindeutig einer meiner Favoriten. Sie macht etwas mehr Arbeit, als einfach nur Reis zu kochen, ist aber auch tausendmal besser.

4 PORTIONEN

2 Frühlingszwiebeln

1–2 Knoblauchzehen

2 EL Öl

1 TL Kurkuma

1 TL gemahlene Nelken

½ TL Kardamom

1 Zimtstange

2 Sternanis

200 g Reis

1 TL Salz

550 ml Wasser

frischer Koriander

1. Schneide die Frühlingszwiebeln. Hack den Knoblauch fein.

2. Bring das Öl in einem Topf auf mittlere/hohe Hitze. Brate die Frühlingszwiebeln und den Knoblauch eine Minute an.

3. Gib die Kurkuma, die Nelken, den Kardamom, die Zimtstange und den Sternanis hinzu und brate die Gewürze ebenfalls kurz an.

4. Gib den Reis und das Salz hinzu und verrühr alles miteinander. Gib das Wasser hinzu und lass es aufkochen.

5. Setz den Deckel auf den Topf, schalte den Herd aus und lass den Reis 20 Minuten quellen.

6. Hack den Koriander fein und menge ihn direkt vor dem Servieren unter.

Suppe aus geröstetem Kürbis

MITTEL 45 Minuten

Ich treffe immer wieder Menschen, die noch nie in ihrem Leben einen Kürbis gekauft haben, und sie alle haben eines gemeinsam: Die Neugier ist da, doch das Gemüse ist ihnen ein bisschen unheimlich. Ob das an Halloween liegt oder daran, dass Kürbisse groß und ungewohnt sind und nie den Weg in die elterliche Küche gefunden haben, vermag ich nicht zu sagen. Ich vermute jedoch, dass Letzteres der Fall ist.

Früher gab es Kürbis nur in Spezialitätengeschäften zu kaufen, doch das hat sich inzwischen geändert: Heute sind sie das ganze Jahr im Supermarkt zu finden. Warum also nicht einfach mal probieren? Falls dich auf dem Rückweg vom Einkaufen Panik und Zweifel überkommen, kannst du ihn ruhig ein paar Wochen an einem kühlen Ort liegen lassen. Kürbisse halten sich lange, wenn sie richtig gelagert werden. Doch am besten ist es, sich einfach zu trauen.

In diesem Rezept backen wir den Kürbis im Ofen, dann lösen wir das Fruchtfleisch aus der Schale und verarbeiten es zu einer Suppe. Falls dir das zu viel Arbeit ist, kannst du den Kürbis auch einfach schälen, das Fruchtfleisch in Stücke schneiden und diese direkt in die Suppe geben. Durch das Backen im Ofen bekommt der Kürbis zwar einen etwas besseren Geschmack (ganz zu schweigen davon, dass er sich so super auf Fotos macht), doch die Suppe wird auch richtig gut, wenn er nur gekocht wird.

4 PORTIONEN

2 EL Rapsöl

600 g Kürbis

1 Schalotte

3 Knoblauchzehen

2 Stangen Zitronengras

1 EL rote Currypaste, gekaufte im Glas

600–700 ml Gemüsefond oder Wasser mit Gemüsebrühepulver

2 EL Sojasoße

½ EL Zucker

200 ml Kokosmilch

Saft von 1 Limette

frischer Koriander

TIPP: Wirf die Kürbiskerne nicht weg. Spül sie gründlich ab, wende sie in etwas Öl und röste sie bei hoher Hitze in einer trockenen Pfanne. Sie passen gut zu Suppen und Salaten.

1. Heiz den Backofen auf 200 Grad vor. Leg ein Backblech mit Backpapier aus und reib es mit etwa 1 EL Öl ein. Schneide den Kürbis in dicke Scheiben. Verteil die Scheiben auf dem Backblech und gib sie in den Ofen. Back die Kürbisscheiben, bis sie goldbraune Flecken bekommen. Das sollte 20–30 Minuten dauern. Entferne nach dem Backen die Kerne.

2. Bereite den Rest der Suppe vor, während der Kürbis im Ofen ist.

3. Schäl die Schalotte und den Knoblauch und hack beides fein.

4. Schneide die Zitronengrasstangen am oberen Ende ab, bis Ringe mit einem violetten Farbton zum Vorschein kommen. Entferne auch die losen und trockenen äußeren Schichten. Nur die inneren, leicht violett gefärbten Teile, die noch aneinanderhaften, nachdem du die Enden abgeschnitten hast, sollen verwendet werden. Hack diese fein.

5. Bring das restliche Öl in einem Topf auf mittlere Hitze. Gib den Knoblauch, die Schalotte und das Zitronengras hinein und brate alles ein paar Minuten an. Rühr die Currypaste ein und brate sie ebenfalls ein paar Minuten mit an. Gib den Gemüsefond, die Sojasoße und den Zucker hinzu. Koch den Fond auf und lass ihn mit aufgesetztem Deckel köcheln, bis der Kürbis fertig gebacken ist. Löse das Kürbisfleisch mit einem großen Löffel aus der Schale und gib es in den Topf. Press die Limette aus und gib den Saft hinzu.

6. Pürier die Suppe mit dem Pürierstab oder in der Küchenmaschine glatt (pass auf, dass du dich nicht verbrennst).

7. Schmeck die Suppe bei Bedarf noch mit etwas Sojasoße oder Zucker ab.

8. Gib nach Belieben Korianderblätter hinzu und servier die Suppe dampfend heiß. Streu eventuell noch geröstete Kürbiskerne darüber.

Marokkanisches Brot

EINFACH 30 Minuten Zubereitung, 1 Stunden Gehen, 40 Minuten Backen

Einen meiner besten Restaurantbesuche habe ich einem marokkanischen Restaurant im Regent Street Food Quarter in London zu verdanken. Was mir gut in Erinnerung geblieben ist: nette Gesellschaft, gute Stimmung, tolles Essen und dass wir auf Kissen auf dem Boden saßen. Was mir aber partout nicht einfallen will, egal wie sehr ich versuche, mich daran zu erinnern: was wir gegessen haben – mit einer Ausnahme. Es gab absolut fantastisches Brot mit Hummus als Vorspeise. Dieses Brot war so gut, dass es selbst mir als ausgesprochenem Nimmersatt danach nicht mehr gelungen ist, mich auf die Hauptgerichte zu konzentrieren. Nach vielen Jahren des Versuchens und Scheiterns habe ich es endlich geschafft, ein Rezept zu entwickeln, das genau wie das Original schmeckt. Dieses Brot ist einfach krass lecker. Den Hummus findest du auf Seite 115.

2 GROSSE BROTE (12 PORTIONEN)

Öl zum Backen

Grieß oder Maismehl für die Backbleche

1 Würfel frische Hefe (alternativ Trockenhefe)

300 ml handwarmes Wasser

2 EL Öl

600 g Weizenmehl

2 TL Salz

2 TL Zucker

2 EL Sesamsamen

1. Such zwei Backbleche heraus. Reib sie mit etwas Öl ein und streu Grieß oder Maismehl darauf. Rüttele die Bleche etwas hin und her, bis sie von einer sehr dünnen Schicht bedeckt sind.

2. Verrühr die Hefe, das Wasser und das Öl in einer Schüssel miteinander. Warte ein paar Minuten, bis die Hefe reagiert. Gib das Weizenmehl, das Salz, den Zucker und die Hälfte der Sesamsamen hinzu. Verknete alles sehr gründlich zu einem Teig. Dazu kannst du auch die Küchenmaschine oder ein Handrührgerät mit Knethaken verwenden. Der Teig soll elastisch sein und sich gut verarbeiten lassen. Das sollte nach 5–10 Minuten Kneten der Fall sein.

3. Teil den Teig in zwei Teile und forme zwei Kugeln daraus. Lass beide jeweils auf einem Backblech 10 Minuten ruhen. Drück die Kugeln dann mit deinen Händen zu zwei großen, runden Fladen mit einer Dicke von 0,5–1 cm zusammen. Leg saubere Geschirrtücher über die Brote und lass sie etwa eine 1 Stunde gehen.

4. Heiz den Backofen auf 225 Grad vor. Stich die Brote mit einer Gabel ein und streu die restlichen Sesamsamen darüber. Back die Brote nacheinander jeweils etwa 20 Minuten.

TIPP: *Wenn du eine Sehnenscheidenentzündung hast, ist es legitim, das Kneten an einen Helfer deiner Wahl outzusourcen. Das gilt auch, wenn dir dafür einfach die Geduld fehlt.*

Marokkanische Süßkartoffelsuppe

EINFACH 30 Minuten

Süßkartoffeln waren das Thema des allerersten Kochkurses, den ich jemals gegeben habe. Wir bereiteten damals ein Drei-Gänge-Menü zu, bei dem alle Gerichte Süßkartoffel enthielten. Diese Suppe hier war die Vorspeise, und ich hatte sie vor diesem Tag noch nie zubereitet. Das Rezept hatte ich mir auf dem Heimweg von der Arbeit im Bus ausgedacht, und der Geschmack war ein Volltreffer, gleich beim ersten Versuch. Seitdem ist das Gericht bei meinen Kochkursen und Teambuilding-Maßnahmen zu einem Stammgast geworden. Diese Suppe mag einfach jeder.

4 PORTIONEN

2 große Süßkartoffeln
1 Schalotte
3 Knoblauchzehen
3 cm Ingwer
1 roter Chili
Rapsöl
1 TL Kreuzkümmel
1 TL Zimt
1 TL Kurkuma
1 TL Paprikapulver
1,5 l Gemüsefond oder Wasser
mit Gemüsebrühepulver
(eventuell ein Liter zusätzlich, falls die Süßkartoffeln sehr groß sind)
Saft von 1 Orange
Salz und Pfeffer
frischer Koriander

1. Schäl die Süßkartoffeln und reib sie mit der groben Seite einer Reibe. Wenn es dir lieber ist, kannst du sie auch in der Küchenmaschine in relativ kleine Stücke zerkleinern. Hack die Schalotte, den Knoblauch, den Ingwer und den Chili fein.

2. Bring das Öl in einem großen Topf auf mittlere Hitze. Gib die Schalotte, den Knoblauch, den Ingwer und den Chili hinein und brate alles ein paar Minuten an.

3. Gib den Kreuzkümmel, den Zimt, die Kurkuma und das Paprikapulver hinzu und brate die Gewürze ebenfalls eine Minute mit an. Rühr dann die Süßkartoffeln und den Gemüsefond ein. Lass die Suppe 10 Minuten köcheln. Schmeck sie mit dem Saft der Orange, Salz, Pfeffer und eventuell noch etwas mehr von den Gewürzen ab.

4. Hack den Koriander grob und gib ihn direkt vor dem Servieren in die Suppe.

TIPP: *Wenn du lieber eine glatte Suppe haben möchtest, pürier sie mit einem Pürierstab, einer Küchenmaschine oder einem Mixer. Pass aber auf, dass du dich nicht verbrennst!*

Spaghetti aglio e olio

EINFACH 15 Minuten

*Das ist ein unglaublich einfacher – und unglaublich guter – italienischer
Klassiker. Übersetzt bedeutet der Name schlicht „Spaghetti mit Knoblauch
und Öl". Während die Pasta kocht, peppen wir das Öl noch etwas auf. Dann
vermengen wir alles miteinander und servieren. Abendessen in 15 Minuten!*

*Du kannst gern noch ein paar Pinienkerne oder gehackte Mandeln in der
Pfanne rösten, bevor du das Öl darin vorbereitest. Dann streust du sie am
Ende über die Pasta und gibst dem Gericht so zusätzlichen Biss.*

2 PORTIONEN

200 g Spaghetti

1–2 Knoblauchzehen

2 Stängel Petersilie

2 EL gutes Olivenöl

2 TL rote Chiliflocken oder 1 TL Chilipulver

Salz und Pfeffer

1. Bring einen Topf mit reichlich Wasser und etwas Salz zum Kochen.
   Gib die Spaghetti hinein und koch sie gemäß Packungsanweisung
   al dente. Gieß die Nudeln in ein Sieb ab.

2. Bereite die restlichen Zutaten vor, während die Spaghetti kochen.

3. Hack den Knoblauch und die Petersilie fein.

4. Bring das Olivenöl in einer Pfanne auf mittlere Hitze. Gib den
   Knoblauch hinein und brate ihn ein paar Minuten an. Gib die
   Petersilie und die Chiliflocken hinzu und brate sie ebenfalls eine
   Minute mit an. Würz das Öl mit Salz und Pfeffer.

5. Wende die Pasta im gewürzten Öl in der Pfanne und servier sie
   sofort.

Scharfe Pasta mit Grünkohl

MITTEL 25 Minuten

Das ist eines meiner absoluten Lieblingsrezepte, aber wenn dir schon vom bloßen Lesen der Stress in den Nacken kriecht, kann ich das gut verstehen. Hier ist einiges zu tun: Der Grünkohl muss in den Ofen, die Pasta muss gekocht, die Pinienkerne geröstet und die Soße zubereitet werden. Aber keine Panik. Das bekommen wir hin! Bereite zuerst alle Zutaten vor. Erledige die Schnippelei und stell alles bereit, bevor du mit dem eigentlichen Kochen beginnst. Heb dir das Kochen der Spaghetti bis fast zum Schluss auf. Es ist überhaupt kein Problem, wenn der Grünkohl und die Pinienkerne kalt werden, und bei niedriger Hitze kann die Soße eine halbe Ewigkeit vor sich hin köcheln.

2 PORTIONEN

200 g Spaghetti

200 g Grünkohl

2 EL Olivenöl + etwas zum Braten

Meersalz

1 roter Chili, eventuell eine Chipotle

1–2 Knoblauchzehen

1 Schalotte

1 Zweig Rosmarin

50 g Pinienkerne

1 Dose Tomaten

1 EL brauner Zucker

1 EL Sherry- oder Apfelcidre-Essig

1. Heiz den Backofen auf 180 Grad vor. Leg ein Backblech mit Back-papier aus.

2. Löse die Blätter des Grünkohls vom Strunk. Versuch, so wenig von den harten Stielen wie möglich mitzunehmen.

3. Verteil die Hälfte der Grünkohlblätter auf dem Backblech. Träufele vorsichtig das Olivenöl darüber und bestreu den Grünkohl mit Meersalz.

4. Back ihn 8–10 Minuten, bis er langsam dunkler wird. Pass auf, dass er nicht anbrennt.

5. Hack den Chili, den Knoblauch, die Schalotte und den Rosmarin fein.

6. Bring eine Pfanne auf mittlere/hohe Hitze. Gib die Pinienkerne hinein und röste sie ohne Öl, bis sie eine goldbraune Farbe be-kommen. Das dauert nicht lange. Stell sie zur Seite. Gib etwas Olivenöl in die Pfanne. Gib den Chili, den Knoblauch und die Schalotte hinein und brate alles ein paar Minuten an. Gib den Rosmarin hinzu und brate ihn ebenfalls ein paar Minuten mit an.

7. Koch die Spaghetti gemäß Packungsanweisung.

8. Gib die Tomaten zu den Zutaten in der Pfanne und koch die Soße auf. Gib den Zucker und den Essig hinzu. Verringere die Hitze und lass die Soße 5 Minuten köcheln. Hack den restlichen Grünkohl klein und gib ihn in die Pfanne. Lass die Soße noch ein paar Minu-ten kochen.

9. Gieß die Spaghetti in ein Sieb ab und richte sie auf tiefen Tellern an. Gib die Soße darüber und garnier die Pasta mit dem im Ofen gebackenen Grünkohl und den gerösteten Pinienkernen.

WUSSTEST DU SCHON? *Grünkohl zählt zu dem Gesündesten, was man essen kann. Er ist kalorienarm und reich an Vitamin A und C. Grünkohl enthält außerdem Kalzium und Phosphor und gehört zu den Gemüsesorten mit dem höchsten Eisengehalt.*

Türkische Pizza

MITTEL 1 Stunde

Lass dich nicht von dem langen Rezept abschrecken. Wir bereiten hier eine Komponente nach der anderen vor, und jede für sich ist ganz unkompliziert. Am Ende verbinden wir dann nur noch alles miteinander. Das Ergebnis ist ein wunderbares pizzaähnliches Gericht mit dem puren Geschmack der Türkei. Iss es wie eine Pizza oder klapp den Boden um die Füllung und iss es als Sandwich.

Abgerundet wird das Ganze mit einer Knoblauchsoße aus Mandelmus und Nussmilch. Als Ersatz kannst du auch 3 Esslöffel Mandeln und 4 Esslöffel Wasser verwenden. Die Soße schmeckt auch toll zu Falafel und Tacos.

Wenn du etwas mehr Zeit hast, kannst du die Paprika für die Soße grillen. Das gibt dem Geschmack mehr Tiefe. Halbiere dazu die Paprika und leg sie mit der Außenseite nach oben in eine Ofenform. Gib die Form auf der oberen Schiene in den Ofen und back die Paprika bei 225 Grad. Verwende die Grillfunktion, falls dein Ofen eine hat. Nimm die Form nach 5–10 Minuten heraus, wenn die Paprika langsam schwarze Flecken bekommen. Zieh so viel von der Haut ab wie möglich.

TEIG

300 g Dinkelmehl
(kann durch Weizenmehl ersetzt
werden)
1 TL Salz
200 ml warmes Wasser
2 EL Olivenöl
Öl zum Ausbacken

1. Verrühr das Mehl, das Salz, das Wasser und das
   Olivenöl in einer Schüssel miteinander.

2. Verknete alles gründlich zu einem Teig. Nimm dir
   dafür ruhig ein paar Minuten Zeit. Du wirst merken,
   dass der Teig mit der Zeit immer elastischer wird.

3. Füg eventuell noch etwas Mehl hinzu, falls der Teig
   zu klebrig ist. Lass den Teig 30 Minuten ruhen.

PAPRIKASOSSE

3 rote Paprika
2 Schalotten
3 Knoblauchzehen
50 ml Olivenöl
1 EL Tahini
1 TL Kreuzkümmel
½ TL Chilipulver
½ TL Paprikapulver
½ TL Zimt
1 TL Salz
Saft von ½ Zitrone

1. Putz die Paprika, die Schalotten und den Knoblauch
   und hack alles grob.

2. Gib alle Zutaten in die Küchenmaschine oder einen
   Mixer. Verarbeite sie zu einer glatten Soße.

BELAG

100 g Grünkohl

einige Stängel Petersilie

1 EL Olivenöl

Meersalz

Sesamsamen

1. Wasch den Grünkohl und hack ihn grob. Hack die Petersilie fein.

2. Bring das Öl in einer Pfanne auf mittlere/hohe Hitze. Gib den Grünkohl und die Petersilie hinein.

3. Brate beides ein paar Minuten, bis es anfängt, leicht knusprig zu werden.

4. Streu etwas Meersalz darüber und stell es beiseite.

KNOBLAUCHSOSSE

1–2 Knoblauchzehen

1 EL Mandelmus

2 EL Olivenöl

3 EL Nussmilch

Saft von ½ Zitrone

½ TL Sirup

1. Gib alle Zutaten in die Küchenmaschine oder einen Mixer und verarbeite sie zu einer glatten Soße.

ZUBEREITUNG DER PIZZA

Teil den Teig in 4 gleich große Teile. Roll sie sehr dünn aus.

Bring eine Pfanne auf hohe Hitze. Gib ein klein wenig Olivenöl hinein und leg einen Pizzateig in die Pfanne. Back ihn ein paar Minuten aus. Wende den Teig und back ihn auf der anderen Seite fertig. Reduzier die Hitze, falls es zu schnell geht. Gib den Boden auf einen Teller, bestreich ihn mit Paprikasoße und beleg ihn mit Grünkohl, Petersilie und Sesamsamen. Gib die Knoblauchsoße darauf oder daneben und servier die Pizza sofort.

Cremiges Risotto mit Pilzen und Knoblauch

EINFACH 30 Minuten

Es fehlt nicht an Geschichten über breiiges und zerkochtes Risotto. Vielleicht ist das der Grund, warum sich so viele nicht an diese italienische Spezialität heranwagen? Aber für uns ist Scheitern keine Option. Zunächst einmal solltest du dir eines merken: In Italien gibt es eine Regel, die besagt, dass die Gäste auf das Risotto warten sollen und nicht umgekehrt. Servier das Risotto, wenn es fertig ist – und nicht eine Viertelstunde später. Regel Nummer 2: Achte darauf, dass die Flüssigkeit heiß ist. Du musst das Risotto mit Gemüsefond verdünnen, bis es genau die richtige Konsistenz hat. Ist der Fond kalt, wird der Kochvorgang zwischendurch unterbrochen und das Risotto wird breiig.

2 PORTIONEN

50 g Cashewnüsse

150 ml Wasser

1 Schalotte

3 Knoblauchzehen

200 g gemischte Pilze

3–4 EL Öl zum Braten

160 g Risotto-Reis

100 ml Weißwein

400–500 ml heißer Gemüse-fond (oder Wasser mit Gemüse-brühepulver)

eventuell etwas Salz

1. Verarbeite die Cashewnüsse und das Wasser in einer Küchenmaschine mit Messereinsatz zu einer glatten und flüssigen Soße. Diese Soße dient in unserem Gericht als Sahne. Stell sie zur Seite.

2. Hack die Schalotte und den Knoblauch fein. Schneide die Pilze in Würfel.

3. Bring das Öl in einem Topf auf mittlere Hitze. Brate die Schalotte, den Knoblauch und die Pilze an, bis die Pilze langsam goldbraun werden, und rühr dann den Reis unter. Lass alles noch ein paar Minuten braten und lösch es dann mit Weißwein ab. Lass den Wein einkochen und verdünne das Risotto anschließend mit etwas Gemüsefond. Lass diesen ebenfalls einkochen, bevor du mehr hinzugibst.

4. Wenn die Reiskörner gar sind, muss keine Flüssig-keit mehr zugegeben werden. Nimm das Risotto vom Herd und heb die Cashew-Sahne unter. Schmeck das Risotto eventuell noch mit etwas Salz ab. Servier es sofort.

TIPP: *Wenn das Unglück geschehen ist und du Brei statt Risotto vor dir hast, gib ihn in eine Schüssel, deck sie mit Frischhaltefolie ab und stell sie bis zum nächsten Tag in den Kühlschrank. Mehl dann deine Hände ein, form Klößchen aus dem Risotto und brate sie in einer Pfanne mit etwas Öl. So hast du am nächsten Tag zumindest ein richtig gutes Mittagessen.*

Kürbis-Curry

EINFACH 1–2 Stunden

Meine Freundin Annika hat viele Qualitäten. Sie ist ein sehr organisierter Mensch, immer gut vorbereitet und kommt nie zu spät. Sie kümmert sich auch sehr um ihre Freunde und stellt die Interessen anderer über ihre eigenen. Sie kommt oft zum Abendessen bei mir vorbei, und wenn ich besonders gut aufgelegt bin, mache ich indisches Essen. Das mag sie am liebsten.

Eines schönen Tages im Jahr 2013 gab es dieses Curry hier. Eine halbe Stunde, nachdem Annika da sein wollte, war das Essen fertig. Noch eine halbe Stunde später war es kurz davor, im Topf festzubacken. Ich verdünnte es mit dem Rest der Kokosmilch, aber das schien nicht zu reichen, also machte ich schnell eine Sahne aus dem, was ich dahatte: Pinienkerne und Wasser. Als sich der letzte Schuss Sahne gerade schön in die Soße eingefügt hatte, klingelte es an der Tür. Es war Annika, die sich unentwegt entschuldigte und über ihren leeren Handyakku klagte. Die Erklärung für ihre Verspätung war natürlich wieder einmalig. Sie hatte ihre eigene Freizeit geopfert, um einer Freundin zu helfen, die sie brauchte – und das, ohne dass die Freundin überhaupt davon wusste. Typisch Annika.

Und das Curry? Tja, das war inzwischen um einiges besser als anderthalb Stunden zuvor, als ich es das erste Mal gekostet hatte. Vielleicht war es einfach nur Glück, aber ich möchte lieber glauben, dass es an Annikas gutem Karma lag. Eines steht auf jeden Fall fest: Sie verdient nur das Beste.

2 PORTIONEN

½ Flaschenkürbis

2 Frühlingszwiebeln

1–2 Knoblauchzehen

4 Tomaten

2 EL Öl

1 TL Chiliflocken oder Chilipulver

1 TL getrockneter Ingwer

1 TL Garam Masala

1 TL Kreuzkümmel

½ TL Koriandersamen

½ TL Kurkuma

1 TL Bockshornklee (kann weggelassen werden)

1 TL Salz

1 TL Zucker

1 Dose Kokosmilch (ca. 400 ml)

3 EL Pinienkerne

50 ml Wasser

Reis zum Servieren

2–3 Stängel Koriander zum Servieren

TIPP: *Kürbisse gibt es inzwischen fast das ganze Jahr im Supermarkt, aber falls du einmal keinen bekommen solltest, kannst du stattdessen 2–3 mittelgroße Süßkartoffeln verwenden.*

1. Schäl und putz den Kürbis. Schneide ihn in etwa 1,5 cm große Würfel.

2. Schneide die Frühlingszwiebeln in Ringe und hack den Knoblauch fein. Schneide die Tomaten in Würfel. Entferne den harten Stielansatz.

3. Erhitze das Öl in einem Topf. Gib den Kürbis, die Frühlingszwiebeln, den Knoblauch und die Tomaten hinein und brate alles an, bis der Kürbis langsam weich wird. Rühr gelegentlich um, damit alles gleichmäßig angebraten wird.

4. Gib die Chiliflocken, den Ingwer, das Garam Masala, den Kreuzkümmel, die Koriandersamen, die Kurkuma, den Bockshornklee, das Salz und den Zucker hinzu und brate die Gewürze ebenfalls ein paar Minuten mit an.

5. Gib die Hälfte der Kokosmilch hinzu und lass sie fast vollständig einkochen. Verdünne das Curry mit dem Rest der Kokosmilch und lass es weiter kochen.

6. Gib die Pinienkerne und das Wasser in die Küchenmaschine oder einen Mixer und verarbeite beides zu einer glatten Flüssigkeit. Gib sie in den Topf und rühr vorsichtig um.

7. Lass das Curry noch etwas köcheln und schmeck es eventuell noch mit etwas mehr von den Gewürzen ab.

8. Koch den Reis gemäß Packungsanweisung. Hack den Koriander grob.

9. Servier das Curry mit frischem Koriander und Reis.

Bananeneis

EINFACH 10 Minuten

Das ist das netteste und praktischste Eis der Welt – es wird nicht umsonst auch „Nice Cream" genannt. Nett, weil es aus den braunen Bananen herge-stellt wird, die immer einsam in der Schale liegen bleiben, nachdem die gel-ben und grünen aufgegessen sind – diesen armen Bananen, die wir eigentlich nicht wegwerfen wollen, die wir dann aber doch entsorgen, um die Fliegen loszuwerden. Genau diesen Bananen geben wir hiermit noch eine Chance. Praktisch ist das Eis auch, weil es so einfach ist, dass jeder es hinbekommt, weil keine Eismaschine nötig ist, und weil es nicht allzu kalorienhaltig ist, aber trotzdem süß und gut schmeckt.
Und die Konsistenz? Wie Softeis. Und wer liebt das nicht …

Abgesehen von der gefrorenen Banane, die die Basis bildet, kannst du hier nach Lust und Laune experimentieren. Schmeck das Eis zum Beispiel mit Kakaopulver oder Vanilleextrakt ab. Du kannst auch andere Beeren oder Früchte verwenden. Etwas Karamellsoße passt ebenfalls fantastisch dazu, und ganz zum Schluss kannst du auch noch ein paar grob gehackte Erdnüsse oder Pistazien unterrühren.

1 EIS

1 Banane (gern eine sehr reife)

10 frische, tiefgefrorene oder eingelegte Kirschen

Ahornsirup (oder etwas von der Flüssigkeit der Kirschen)

1. Schäl die Banane und schneide sie in Scheiben. Gib sie in einen Kunststoffbeutel oder eine Kunststoffdose und frier sie ein.

2. Nimm die Banane 5–10 Minuten, bevor du sie verwenden willst, aus dem Tiefkühlfach. Versuch, die Stücke etwas auseinanderzu-brechen, und gib sie in die Küchenmaschine.

3. Putz die Kirschen und gib sie in die Küchenmaschine. Füg eventuell noch etwas Flüssigkeit hinzu (Ahornsirup oder die Flüssigkeit der Kirschen) und pürier alles zu einem glatten Eis. Verdünne das Eis eventuell noch mit etwas mehr Flüssigkeit und schmeck es mit Zucker oder Sirup ab, falls es nicht süß genug ist.

4. Servier es sofort, am besten mit frischen Kirschen oder Beeren. Wenn du es noch etwas ins Tiefkühlfach stellst, wird es fester.

Dessert-Quesadillas

EINFACH 15 Minuten

Ein supereinfaches Dessert! Es passt gut, wenn es Weizen-Tortillas zum Abendessen gab und ein paar übrig geblieben sind. Man will sie ja nicht wegwerfen, aber die Wahrscheinlichkeit ist hoch, dass sie liegen bleiben, bis sie trocken und praktisch unbrauchbar sind. Nimm ein paar Bananen (gern ein paar sehr reife) und etwas Schokolade zur Hand, dann ist die Hälfte schon geschafft.

Mindestens genauso gut ist dieses Dessert, wenn du es auf dem Grill zubereitest. Kokoscreme passt perfekt dazu.

2 PORTIONEN

2 Bananen

100 g milchfreie Schokolade

2 Weizen-Tortillas

1. Schäl die Bananen und schneide sie in Scheiben. Hack die Schokolade grob oder brich sie in Stücke.

2. Verteil die Banane und die Schokolade auf einer Tortilla und drück die andere darauf.

3. Bring eine Pfanne ohne Öl auf mittlere/hohe Hitze.

4. Erhitze die gefüllten Tortillas auf beiden Seiten, bis sie goldbraun sind. Das dauert nicht lange, etwa 30 Sekunden bis 1 Minute.

5. Schneide sie in Stücke und genieß sie sofort.

Obstsalat mit kandierten Walnüssen und Kokoscreme

EINFACH 20 Minuten

Kein veganes Kochbuch ohne Rezept für einen Obstsalat. Das ist schließlich das Dessert, das alle, die aus welchen Gründen auch immer keine Milchpro-dukte zu sich nehmen, am Ende vor sich stehen haben, wenn sie essen gehen.

Du findest, das ist nicht gerade eine motivierende Einleitung? Keine Sorge, ich komme gleich zum Punkt. Obst ist nämlich fantastisch, das dürfen wir nicht vergessen. Es ist einfach nur nicht gerade ausgefallen. Hier nehmen wir uns 10 Minuten mehr Zeit, um ein paar richtig gute und krachend knusprige kandierte Nüsse herzustellen, und dann servieren wir das Ganze mit selbstge-machter Kokoscreme. Immer noch einfach, aber damit wird der öde Klassiker zum Dessert der Spitzenklasse.

4 PORTIONEN

100 g Walnüsse

50 ml Ahornsirup (oder alternativ ein anderer Sirup)

400 g gemischtes Obst

Kokoscreme zum Servieren

1. Gib die Walnüsse und den Ahornsirup in eine Pfanne. Bring die Pfanne auf mittlere/hohe Hitze. Wende die Walnüsse regelmäßig. Der Sirup wird etwas schäumen, bevor er schließlich karamellisiert.

2. Wende die Walnüsse, bis sich der Sirup als Karamellschicht außen auf sie legt. Gib die Nüsse auf ein Blatt Backpapier und lass sie abkühlen.

3. Schneide das Obst in Stücke und gib es in eine Schüssel. Heb die Nüsse unter, wenn sie abgekühlt sind.

4. Servier den Obstsalat mit Kokoscreme.

TIPP: *Der Obstsalat schmeckt auch super mit Bananeneis (Rezept Seite 78).*

Frittierte Banane

MITTEL 20 Minuten

Wenn es frittierte Banane zum Nachtisch gibt, vergisst selbst die pessimistischste Grafikdesignerin für einen Moment ihre negative Einstellung zu allem.

4 PORTIONEN

90 g Zucker
Saft von 1 Limette
50 ml Wasser
2 Bananen (nicht allzu reif)
60 g Weizenmehl (oder 80 g Reismehl,
wenn es glutenfrei sein soll)

100 ml Kokosmilch
1 TL Backpulver
etwas Salz
Öl zum Ausbacken

1. Gib den Zucker, den Saft der ausgepressten Limette und das Wasser in einen kleinen Topf und lass alles vorsichtig aufkochen. Rühr etwas um, damit sich der Zucker auflöst. Lass die Flüssigkeit noch ein paar Minuten weiterkochen, bis sie eine sirupartige Konsistenz bekommt. Falls du unsicher bist, koch sie lieber etwas zu kurz als zu lang.

2. Schäl die Bananen und schneide sie in etwa 2 cm dicke Scheiben.

3. Verrühr das Mehl, die Kokosmilch, das Backpulver und das Salz in einer Schüssel miteinander. Heb die Bananenstücke unter den Teig. Achte darauf, dass sie überall gut mit Teig bedeckt sind.

4. Bring reichlich Öl – eine mindestens 1 cm hohe Schicht – in einem großen Topf auf mittlere/hohe Hitze. Teste, ob das Öl heiß genug ist, indem du einen Tropfen Teig hineingibst. Falls der Teig zischt und sofort etwas aufgeht und Farbe bekommt, hat das Öl die richtige Temperatur.

5. Leg die Bananenstücke vorsichtig in das Öl – nicht zu viele auf einmal. Back sie aus, bis sie rundherum goldgelb sind. Das dauert etwa 1–2 Minuten. Heb sie vorsichtig aus dem Öl und lass sie auf Küchenpapier abtropfen. Back die übrigen Bananenstücke auf die gleiche Weise aus.

6. Servier die frittierte Banane mit dem Sirup und gerne auch mit einer Kugel Bananeneis (siehe Rezept auf Seite 78).

WICHTIG: *Wenn du etwas in einer größeren Menge Öl frittierst, solltest du ein paar Sicherheitsvorkehrungen treffen.*

1. Leg einen Deckel bereit. Falls sich das Öl entzünden sollte, legst du sofort den Deckel auf den Topf, um die Sauerstoffzufuhr zur Flamme zu unterbrechen.

2. Es kann spritzen. Anders ausgedrückt: Das ist nicht das richtige Gericht, um nackt am Herd zu stehen (und scheuch am besten auch die Katze aus der Küche, bevor du anfängst).

Blumenkohl-Brownies

EINFACH 1 Stunde

„Wie schaffst du es, ohne Ei zu backen?" ist eine Frage, die mir sehr oft gestellt wird. Veganer, Allergiker und andere fragen sich genau das – nicht ohne Grund: Viel zu lange war Gebäck ohne Ei gleichbedeutend mit steinhartem Kastenkuchen und bröseligem Obstkuchen.

Eier übernehmen beim Backen viele Funktionen. Sie können das Aufgehen des Teigs unterstützen, den Teig binden und ihn schön saftig machen. Doch zum Glück haben wir dafür auch noch andere Tricks auf Lager. In diesem Rezept verwenden wir Backpulver als Triebmittel, Apfelmus, um den Teig zu binden, und Blumenkohl – ja, BLUMENKOHL –, um den Brownies ihre typische Saftigkeit zu verleihen.

Der Kuchen schmeckt schon frisch aus dem Ofen richtig gut, zum Beispiel mit etwas Ahornsirup, Apfelstückchen und Kokoscreme. Wenn du genug Selbstbeherrschung hast, kannst du dich allerdings auch bis zum nächsten Tag gedulden. Nach einer Nacht im Kühlschrank ist er sogar noch etwas besser.

1 KUCHEN

1 Apfel

75 ml + ½ EL Wasser

1 mittelgroßer oder ½ großer Kopf Blumenkohl

2 EL Mandelmus

1 TL Vanilleextrakt

6 EL Kakaopulver

2 EL Ahornsirup

70 g Zucker

75 g Weizenmehl

1 TL Backpulver

½ TL Salz

100 g milchfreie Schokolade

1. Heiz den Backofen auf 175 Grad vor. Such eine Ofenform mit einer Größe von etwa 25 × 15 cm heraus. Leg sie mit Backpapier aus.

2. Schneide den Apfel in Würfel und gib ihn zusammen mit dem halben Esslöffel Wasser in einen kleinen Topf. Lass ihn bei niedriger/mittlerer Hitze köcheln, bis die Apfelstücke weich werden und du alles mit einem Esslöffel miteinander verrühren kannst.

3. Putz den Blumenkohl und häcksle ihn in der Küchenmaschine in sehr kleine Stücke.

4. Nimm den Blumenkohl heraus und miss mit einem Messbecher 250 ml ab. Gib die abgemessene Menge Blumenkohl und das Apfelmus zurück in die Küchenmaschine. Gib das Mandelmus, das restliche Wasser und den Vanilleextrakt hinzu. Verarbeite alles zu einer glatten Masse.

5. Gib die Masse in eine Schüssel. Rühr das Kakaopulver, den Ahornsirup, den Zucker, das Weizenmehl, das Backpulver und das Salz unter. Hack die Schokolade grob und gib sie ganz zum Schluss ebenfalls hinzu.

6. Back den Kuchen 30–35 Minuten. Lass ihn vor dem Servieren abkühlen.

Calles Kakao

EINFACH 15 Minuten

*Calle ist ein sehr guter Freund von mir, für den ich eine besondere Schwäche
habe. Er ist der tollste Mann, den man sich vorstellen kann, und hat ein Herz, so
groß wie die Sonne. Diesen Kakao hier hat er an einem richtig schlimmen Tag
für mich gemacht. Es war der Tag vor meinem Geburtstag (was bei einer Frau
über 30 schon Grund genug für eine Krise ist), ich war krank und als Krönung des
Ganzen hatte ich gerade noch eine Pflegekatze abgegeben, die ich viel zu lieb
gewonnen hatte. Mit Calle kann ich über alles sprechen, ohne mir dabei blöd vor-
zukommen, und ich weiß, dass er weiß, dass ich das weiß. Er ist wirklich immer
für mich da, aber an diesem Abend sprachen wir kaum ein Wort. Er stand einfach
mit einem Einkaufsbeutel in der Hand vor der Tür, nahm meine Küche in Beschlag
und machte Kakao. Ich hoffe, wir werden für immer Freunde sein, Calle!*

4 TASSEN

¼ roter Chili

1 Vanilleschote

3 EL Kakaopulver

100 g Sirup – zum Beispiel Ahornsirup oder Agavensirup

800 ml + 4 EL Wasser

200 g milchfreie Schokolade

2 EL Speisestärke

1. Hack den Chili fein und gib ihn in einen Topf.

2. Schneide die Vanilleschote der Länge nach auf. Kratz das Mark
   heraus und gib es zusammen mit der Schote in den Topf.

3. Gib das Kakaopulver, den Sirup und 800 ml Wasser hinzu und
   verrühr alles miteinander. Koch den Kakao auf. Hol die Vanilleschote
   heraus, aber wirf sie nicht weg. Spül sie ab, tupf sie trocken und
   leg sie in ein Gefäß mit Zucker. Nach einer Weile bekommt der
   Zucker eine schöne Vanillenote.

4. Hack die Schokolade fein.

5. Verrühr die Speisestärke mit 4 EL Wasser. Gib die Flüssigkeit in den
   Topf.

6. Lass alles 1 Minute köcheln. Der Kakao dickt dabei etwas ein.

7. Nimm den Topf vom Herd und rühr mit einem Schneebesen die
   Schokolade unter. Gieß den Kakao in Tassen und servier ihn sofort.

TIPP: *Der Kakao lässt
sich gut noch einmal
aufwärmen. Mit Folie
abgedeckt hält er
sich auch sehr gut
im Kühlschrank.*

SCHRITT 2
GUT IN FAHRT

We walk

Im ersten Schritt haben wir uns mit einfachen Gerichten aus einfachen Zutaten beschäftigt. Nun erweitern wir unsere Produktpalette etwas, aber die Rezepte sind nach wie vor einfach.

Die Gerichte in diesem Teil bestehen aus Zutaten, die du in gut sortierten Supermärkten und oft auch in Drogerien findest. Spezialitätengeschäfte oder das Internet musst du nicht durchforsten, aber wenn wir mit diesem Schritt fertig sind, wirst du dich im Bio-Sortiment deines Supermarkts sehr gut auskennen.

Wir führen hier drei neue Gruppen von Zutaten ein. Die erste sind Hülsenfrüchte. Sie sind gesund, lecker und günstig und immer leichter zu bekommen. In den Rezepten kannst du getrocknete Hülsenfrüchte stets auch gegen Produkte aus dem Glas oder der Dose ersetzen. Diese sind schon vorgekocht, während die getrockneten vor der Verwendung häufig eingeweicht und gekocht werden müssen. Ihr Gewicht verdoppelt sich dabei.

Die zweite Gruppe sind Milchersatzprodukte. Mit Pflanzenmilch haben wir im vorigen Schritt schon Bekanntschaft gemacht. Jetzt wenden wir uns auch veganen Varianten von Frischkäse, Margarine, Joghurt und Sahne zu. Diese findest du im Supermarkt häufig in der Bio-Ecke oder bei den laktosefreien Produkten.

Zur dritten Gruppe gehören neue Soßen, Öle und Gewürze, die inzwischen ebenfalls Einzug in gut sortierte Supermärkte gehalten haben.

Das war es erst einmal! Bist du bereit, den nächsten Schritt zu gehen?

Ich schätze mich glücklich, mitten in der Speisekammer Norwegens in Jæren aufgewachsen zu sein. Dieses Bild wurde in Obrestad aufgenommen, nur einen Steinwurf von den Feldern und Gewächshäusern entfernt, die uns die besten Naturprodukte der Welt liefern.

1. PFLANZENSAHNE

Hier gibt es zwei wesentliche Kategorien: eine zum Aufschlagen und eine zum Kochen. „Kuchen oder Abendessen?" – das ist hier also die Frage. Vegane Sahne lässt sich sowohl aus Hafer als auch aus Soja herstellen. Beides ist richtig gut.

2. BOHNEN

Bohnen gibt es in vielen Farben und Formen, doch alle haben gemein, dass sie reich an Proteinen und sehr sättigend sind. Getrocknete Bohnen müssen eingeweicht und gekocht werden, Bohnen aus der Dose nicht.

3. LINSEN

Linsen gibt es sowohl im Ganzen (wie hier auf dem Bild) als auch halbiert – als sogenannte gespaltene Linsen. Linsen sind Bohnen sehr ähnlich, was den Nährwert und die Zubereitung anbelangt, doch das Einweichen ist bei ihnen meist nicht nötig.

4. LIQUID SMOKE

Eine faszinierende Flüssigkeit, die tatsächlich wie flüssiger Rauch schmeckt. Pass auf, dass du nicht zu viel davon verwendest: Ein kleiner Teelöffel davon und schon schmeckt eine ganze Aubergine nach Bacon.

3.

6.

7.

5. TOFU

Gewöhnlicher Tofu kann für Hauptgerichte mariniert, gebraten oder gebacken werden. In der Küchenmaschine püriert eignet er sich für Quiche und Omelett. Meist steht er im Kühlregal bei den laktosefreien oder Bio-Produkten.
Seidentofu ist weicher und eignet sich am besten für Desserts.
Er steht im Supermarkt meist bei den asiatischen Produkten.

6. KICHERERBSEN

Sie haben die gleichen Qualitäten wie gewöhnliche Bohnen, darüber hinaus aber noch einen besonders schönen und nussigen Geschmack. Getrocknete Kichererbsen müssen eingeweicht und manchmal auch gekocht werden. Kichererbsen aus der Dose oder dem Glas sind schon gekocht.

7. PFLANZENMILCH

Die häufigsten Sorten sind die aus Soja, Hafer, Mandeln und Reis. Pflanzenmilch gibt es in gesüßter und ungesüßter Form. Die süße kannst du für den Kaffee, Desserts und zum Backen verwenden, die ungesüßte zum Kochen.

SCHRITT 2: REZEPTE

Amerikanische Pancakes

EINFACH 20 Minuten

Diese Pancakes sind perfekt zum Frühstück oder Brunch, wenn du richtig Eindruck machen willst. Wenn du lieber etwas Herzhaftes zu den Pfannkuchen möchtest, empfehle ich Kokos-Bacon.

Hast du keinen Ahornsirup parat, kannst du andere Arten von Sirup oder alternativ auch Zucker verwenden.

2 PORTIONEN

180 g Weizenmehl

1 EL Speisestärke

2 TL Backpulver

1 TL Salz

1 TL Zimt

100 ml Wasser

400 ml Pflanzenmilch

2 EL neutrales Öl

+ etwas zum Ausbacken

2 EL Ahornsirup

1. Vermenge die trockenen Zutaten in einer Schüssel miteinander. Miss die flüssigen Zutaten ab und gib sie hinzu. Verrühr alles kurz kräftig mit dem Handrührgerät oder dem Schneebesen. Gib eventuell noch etwas mehr Milch hinzu, falls der Teig flüssiger sein soll.

2. Bring etwas Öl in einer Pfanne auf mittlere/hohe Hitze. Gib eine Kelle Pancake-Teig hinein und back ihn aus, bis sich oben Blasen bilden und der Pancake am Rand fest wird. Wende den Pancake und back ihn auf der anderen Seite noch ein paar Minuten. Du entscheidest selbst, wie groß die Pancakes werden sollen.

3. Dazu kannst du Margarine und Ahornsirup servieren.

Knoblauchschnecken

MITTEL 2 Stunden

12 KNOBLAUCHSCHNECKEN

25 g frische Hefe
(alternativ 1 EL Esslöffel Trockenhefe)
etwas Meersalz
etwas Olivenöl
450 ml Wasser
300 g Weizenvollkornmehl
360 g fein gemahlenes Weizenmehl
+ etwas für die Arbeitsfläche

1. Krümele die Hefe in eine große Rührschüssel. Gib etwas Salz und Öl dazu. Erhitze das Wasser, bis es handwarm ist, und gib es in die Schüssel. Lass alles ein paar Minuten stehen, bevor du es miteinander verrührst.

2. Gib nach und nach das Mehl hinzu und verknete es zu einem schönen Teig. Gib bei Bedarf noch etwas mehr feines Mehl hinzu. Du kannst den Teig gern auch auf die Arbeitsfläche geben und dort etwas kneten, bevor du ihn gehen lässt.

3. Gib den Teig zurück in die Schüssel, deck die Schüssel mit Frischhaltefolie ab und lass den Teig an einem warmen Ort etwa 40 Minuten gehen.

KNOBLAUCHFÜLLUNG
UND VERARBEITUNG DES TEIGS

3 Knoblauchzehen
1 kleines Bund Petersilie
150 g vegane Margarine
Salz und Pfeffer

1. Gib den Knoblauch und die Petersilie zusammen mit der Margarine, Salz und Pfeffer in die Küchenmaschine und verarbeite alles zu einer homogenen Masse.

2. Leg ein Backblech mit Backpapier aus. Gib etwas Mehl auf die Arbeitsfläche, nimm den Teig aus der Schüssel und knete ihn vorsichtig. Roll ihn anschließend zu einem großen Rechteck aus. Bestreiche zwei Drittel des Rechtecks (die gesamte lange Seite, zwei Drittel der kurzen Seite) mit der Knoblauchfüllung. Roll den Teig von der mit der Füllung bestrichenen langen Seite aus ein. Roll ihn möglichst fest zusammen. Schneide die Rolle in 12 gleich große Scheiben und verteil sie auf dem Backblech. Drück sie etwas an.

3. Deck die Schnecken mit einem Tuch ab und lass sie weitere 30 Minuten gehen.

4. Heiz den Backofen auf 225 Grad vor. Gib die Schnecken in den Ofen und back sie 10–15 Minuten, bis sie eine schön goldbraune Farbe haben.

5. Du kannst sie heiß oder lauwarm servieren oder auf einem Gitter auskühlen lassen.

TIPP: *Willst du für etwas Abwechslung sorgen, kannst du die Knoblauchfüllung ganz einfach durch Grünkohlpesto (Seite 37) ersetzen. Wenn du statt Petersilie fein gehackten Chili nimmst, werden die Schnecken etwas schärfer.*

Kjetils Süßkartoffelpüree

EINFACH 1 Stunde

Kjetil ist ein guter Freund von mir, den ich aus meiner Zeit in der Gastroszene in Stavanger kenne. Wir sind praktisch zusammen aufgewachsen – ich in einem Restaurant und er in der Bar direkt nebenan. Er ist (mindestens) der beste DJ der Welt und interessiert sich sehr fürs Kochen. Ich teile selbstverständlich sein Interesse am Essen, aber wir vertreten doch ziemlich unterschiedliche Philosophien. Deshalb wird es immer ganz besonders spannend, wenn er einen Tipp für mich parat hat. Ich erinnere mich noch an einen Abend, an dem ich bei ihm vorbeischaute. Das Lokal füllte sich gerade, die Stimmung war gut, der Lärmpegel hoch – und wir standen oben am DJ-Pult und brüllten uns gegenseitig Rezepte ins Ohr. So sieht urbane Kochleidenschaft aus.

Fun Fact: Als wir bei der Vorbereitung der Bilder für dieses Buch dieses Süßkartoffelpüree machten, lief unser lieber Küchengehilfe André danach mit der Schüssel unterm Arm durch die Küche. Das Püree war kalt, aber das kümmerte André herzlich wenig. Er wollte die Schüssel partout nicht abgeben, bevor sie leer war.

4 PORTIONEN

4 große Süßkartoffeln
2 EL Rapsöl
100 ml Kochcreme aus Soja oder Kokosmilch
2 EL vegane Margarine
Salz und Pfeffer

1. Heiz den Backofen auf 200 Grad vor. Schäl die Süßkartoffeln und schneide sie in 4–5 Stücke.

2. Reib eine Ofenform mit Öl ein. Gib die Süßkartoffeln in die Form und deck sie mit Alufolie ab. Gib sie für 30–45 Minuten in den Ofen, bis sie weich sind.

3. Gib die Süßkartoffeln in eine Schüssel. Gib die Sojacreme und die Margarine hinzu. Verarbeite alles mit einer Gabel, einem Schneebesen (ja, das geht, die Kartoffeln sind sehr weich) oder einem Pürierstab zu Püree. Schmeck es mit Salz und Pfeffer ab.

TIPP: Dieses Süßkartoffelpüree ist der perfekte Begleiter zu den Pilzen in cremiger Knoblauchsoße (siehe Rezept auf Seite 120).

Witzbold-Wings

MITTEL 45 Minuten

Im Ofen gebackener Blumenkohl ist „the new black" – oder sollte ich besser sagen „the new orange"? Alles, was du bisher an gekochtem Blumenkohl gegessen hast, ist sicher mit schuld daran, dass es nicht ausgerechnet der Blumenkohl ist, für den du zwei Minuten vor Ladenschluss noch einmal in den Supermarkt spurtest. Aber du solltest ihn wirklich mal gebacken probieren. Der Geschmack und die Konsistenz sind fantastisch. In diesem Rezept panieren wir den Blumenkohl außerdem, sodass die Stücke eine schöne und extra knusprige Kruste bekommen. Dazu servieren wir eine an die chinesische Küche angelehnte Soße mit vielen tollen Geschmacksnuancen.

Das Gericht eignet sich allein gut als Vorspeise. Wenn du Reis oder Nudeln dazu reichst, kann es aber auch als Hauptgericht gegessen werden.

Den Namen „Witzbold-Wings" haben wir meiner leicht durchgeknallten Freundin Stine zu verdanken. Sie gehörte zu der Gang von Freunden, mit der ich mich in die Zubereitung der Gerichte für die Bilder in diesem Buch gestürzt habe (mehr als einhundert Rezepte in vier Tagen – das sagt wohl alles). Als sie meinte, dass dieses Gericht einen besseren Namen als „Blumenkohl-Wings" verdient habe, hielten wir – albern, wie wir nach einem sehr langen Tag in der Küche waren – das alle für eine absolut geniale Idee. Seitdem heißen sie bei uns Witzbold-Wings.

*Meine Freundinnen Silje und Stine sorgten
während der langen Tage des Kochens für dieses
Buch immer für gute Laune.*

2 PORTIONEN

1 Blumenkohl

60 g Weizenmehl

100 ml ungesüßte Sojamilch

1 TL Apfelcidre-Essig

1 EL Sojasoße

60 g Semmelbrösel

(Panko oder Paniermehl)

etwas Öl

TIPP: *Die Sojamilch kann auch durch andere Sorten Pflanzenmilch ersetzt werden. Mit Kokosmilch wird es besonders gut.*

1. Heiz den Backofen auf 200 Grad vor. Leg ein Backblech mit Backpapier aus.

2. Teil den Blumenkohl in Röschen. Die Größe ist nicht so wichtig, aber sie sollten alle zumindest ungefähr gleich groß sein.

3. Vermeng das Weizenmehl mit dem Salz. Verschlag die Sojamilch mit dem Apfelcidre-Essig und lass die Mischung ein paar Minuten stehen, bevor du die Sojasoße unterrührst.

4. Gib die Weizenmehlmischung, die Sojamilchmischung und die Semmelbrösel jeweils in eine Schale. Wälze die Blumenkohlröschen zunächst im Mehl, dann in der Sojamilch und zum Schluss in den Semmelbröseln. Verteil sie auf dem Backblech.

5. Träufele ein klein wenig Öl darüber. Hier braucht es nicht viel. Back den Blumenkohl 15 Minuten im Ofen. Nimm das Backblech heraus, wende die Röschen und back sie dann noch einmal 15 Minuten.

SOSSE UND ANRICHTEN

4 Frühlingszwiebeln

3 Knoblauchzehen

2 cm Ingwer

1 roter Chili

einige Stängel Koriander

Öl zum Braten

3 EL Sojasoße

2 EL Tomatenmark

1 EL Ahornsirup

(oder etwas anderes zum Süßen)

½ EL Reisessig (alternativ Apfelcidre-Essig, Weißweinessig oder ein anderer heller Essig)

eventuell etwas Chilisoße

200 ml Gemüsefond (oder Wasser mit Gemüsebrühepulver)

2 EL Speisestärke

Salz und Pfeffer

1. Schneide die Frühlingszwiebeln in Ringe. Bewahr den weißen Teil und das Grün getrennt voneinander auf.

2. Reib den Knoblauch und den Ingwer. Hack den Chili fein und den Koriander grob.

3. Bring das Öl in einem Topf auf mittlere Hitze. Gib den weißen Teil der Frühlingszwiebeln, den Knoblauch, den Ingwer und den Chili hinein.

4. Verrühr die Sojasoße, das Tomatenmark, den Ahornsirup, den Reisessig und eventuell die Chilisoße miteinander und gib die Soße in den Topf. Verrühr anschließend die Speisestärke mit dem Gemüsefond und gib ihn ebenfalls in den Topf. Verrühr alles sorgfältig miteinander und lass es aufkochen. Die Soße dickt dabei rasch ein.

5. Schmeck die Soße mit Pfeffer und eventuell noch etwas Sojasoße ab.

6. Träufele direkt vor dem Servieren etwas Soße über die Blumenkohlröschen. Garnier sie mit dem Grün der Frühlingszwiebeln und dem Koriander. Servier sie dampfend heiß!

Snack-Kichererbsen

EINFACH 30 Minuten

Diese würzigen Kichererbsen sind noch nicht einmal ungesund. Sie stecken voller Proteine, schmecken fantastisch und sind in einer halben Stunde fertig. Du kannst sie als Snack auf den Couchtisch stellen, über Salate streuen oder in Tacos oder sogar auf Pizza essen. Vielleicht machst du es aber auch einfach wie ich und naschst sie gleich direkt vom Blech.

2 PORTIONEN

1 TL Kreuzkümmel

½ TL Chilipulver oder Chiliflocken

½ TL Salz

½ TL Pfeffer

½ TL Paprikapulver

½ TL Knoblauchpulver

½ TL Zwiebelpulver

½ TL geräuchertes Paprikapulver

1 TL brauner Zucker (alternativ Ahornsirup)

2 EL Öl (Oliven-, Raps- oder Sonnenblumenöl)

170 g getrocknete Kichererbsen, eingeweicht und gekocht, oder 1 Dose

1. Heiz den Backofen auf 200 Grad vor. Leg ein Backblech mit Backpapier aus.

2. Verrühr alle Zutaten in einer Schüssel miteinander. Verteil die Kichererbsen auf dem Backblech und gib sie für 10 Minuten in den Ofen. Nimm das Backblech heraus, wende die Kichererbsen und gib sie noch einmal für 10 Minuten in den Ofen (pass auf, dass sie nicht anbrennen).

3. Du kannst sie heiß, lauwarm oder kalt servieren.

WUSSTEST DU SCHON? Die Kichererbse ist eine Hülsenfrucht und als solche sowohl gut für die Gesundheit als auch gut für die Umwelt. Hülsenfrüchte beugen unter anderem Diabetes, Krebs und Übergewicht vor. Verglichen mit Fleisch haben sie eine deutlich bessere CO_2-Bilanz, und für ihren Anbau ist weniger Wasser nötig. Nicht zuletzt binden Hülsenfrüchte Stickstoff aus der Luft, was den Bedarf an Kunstdünger senkt und für eine nährstoffreichere Ernte sorgt.

Fleischfreie Fleischbällchen

MITTEL 50 Minuten

Dieses Gericht ist perfekt, wenn du viele Gäste erwartest. Du kannst die Bällchen schon am Vortrag zubereiten und im Ofen backen. Wenn dein Besuch dann da ist, wirfst du sie einfach noch einmal schnell in die Pfanne. Wenn du ein Buffet mit vielen verschiedenen Kleinigkeiten vorbereitest, sind diese Bällchen garantiert zuerst verschwunden.

Ich habe hier typische spanische Gewürze verwendet. Du kannst die Bällchen aber auch eher italienisch zubereiten, indem du Basilikum und Oregano nimmst. Wenn du die Petersilie durch Koriander ersetzt und mehr Chili und Kreuzkümmel verwendest, bekommen sie eine mexikanische Note.

4 PORTIONEN

200 g rote Linsen (getrocknet)

3 Knoblauchzehen

1 Schalotte

½ roter Chili

Öl zum Braten

1 TL Liquid Smoke (kann weggelassen werden)

1 TL Paprikapulver

½ TL Kreuzkümmel

2–3 Stängel Petersilie

180 g Mandeln

Salz und Pfeffer

3–4 EL Kichererbsenmehl

TIPP: Du kannst hier gern auch andere Linsensorten verwenden, sie müssen dann aber vielleicht etwas länger kochen. Nimmst du Linsen aus der Dose, benötigst du doppelt so viel und das Kochen entfällt.

1. Koch die Linsen in reichlich Wasser, bis sie weich sind. Gieß sie in ein Sieb ab.

2. Hack den Knoblauch, die Schalotte und den Chili fein. Erhitze 1 EL Öl in einer Pfanne. Brate den Knoblauch, die Schalotte und den Chili darin an, bis die Schalotte glasig und langsam weich wird. Gib den Liquid Smoke, das Paprikapulver und den Kreuzkümmel hinzu und brate die Mischung noch ein paar Minuten weiter. Lass sie abkühlen.

3. Hack die Petersilie fein.

4. Gib die Mandeln in die Küchenmaschine und zerkleinere sie. Lass sie nicht zu lange in der Maschine, dann werden sie zu Mandelmus (das dauert aber ein bisschen, du wirst merken, wann sie klein genug sind).

5. Vermenge die Linsen, die Schalottenmischung, die Petersilie und die Mandeln in einer Schüssel miteinander. Schmeck die Masse mit Salz und Pfeffer ab. (Rohes Kichererbsenmehl schmeckt nicht gut, deshalb ist es wichtig, den Teig jetzt schon abzuschmecken.) Arbeite nach und nach je einen Esslöffel Kichererbsenmehl ein, bis ein Teig entstanden ist, der nicht klebt und sich gut verarbeiten lässt. Lass den Teig etwa 15 Minuten ruhen.

6. Heiz den Backofen auf 200 Grad vor (180 Grad Umluft). Leg zwei Backbleche mit Backpapier aus. Reib das Papier sehr dünn mit Öl ein.

7. Form mithilfe eines Esslöffels kleine Bällchen aus dem Teig. Verteil sie auf den Backblechen und träufele etwas Öl darüber. Hier braucht es nicht viel.

8. Back sie 10 Minuten (bei Ober- und Unterhitze nacheinander, bei Umluft beide Backbleche gleichzeitig). Nimm das Backblech/die Backbleche aus dem Ofen, wende die Bällchen und back sie weitere 10–15 Minuten.

9. In der Zwischenzeit kannst du die Soße zubereiten.

TOMATENSOSSE

1–2 Knoblauchzehen

1 Schalotte

1 Paprika (gern im Ofen gebacken)

1 EL Olivenöl

1 Dose (ca. 400 ml) gehackte

Tomaten

etwas Zucker

1 TL Essig

1 kleine Prise Salz

1. Putz und hack den Knoblauch, die Schalotte und die Paprika fein.

2. Bring das Olivenöl in einem Topf auf mittlere Hitze.

3. Brate den Knoblauch und die Schalotte darin ein paar Minuten an. Gib die Paprika, die gehackten Tomaten, den Zucker und den Essig hinzu und koch alles auf. Lass die Soße so lange köcheln, wie du Zeit hast – alles zwischen 10 Minuten und 1 Stunde ist wunderbar. Schmeck sie mit Salz ab.

4. Pürier die Soße vor dem Servieren, wenn du keine Stücke darin magst.

5. Servier die „Fleischbällchen" heiß mit warmer Tomaten-soße.

Hummus

EINFACH 10 Stunden Einweichen und Kochen, 10 Minuten Zubereitung

Das ist eines der beliebtesten und meistgelesenen Rezepte in meinem Blog, und das freut mich sehr. Ich habe nämlich lange an einem Rezept für perfekten, cremigen Hummus gearbeitet, und hier ist es.

Du kannst Hummus auch aus weißen Bohnen anstelle von Kichererbsen zubereiten. Wenn es etwas mehr Geschmack sein darf, kannst du zum Beispiel noch eine gegrillte Paprika oder Chili hinzufügen.

1 KLEINER TELLER

100 g getrocknete Kichererbsen

Wasser zum Einweichen

2 TL Natron

2–3 EL Tahini*

Saft von 1 Zitrone

3 Knoblauchzehen

Salz

Paprikapulver und Olivenöl zum Garnieren

* kann fertig gekauft oder selbst hergestellt werden

1. Gib die Kichererbsen in eine Schale und bedeck sie mit Wasser. Du brauchst etwa doppelt so viel Wasser wie Kichererbsen. Gib 1 TL Natron hinzu. Lass sie mindestens 8 Stunden einweichen, am besten über Nacht.

2. Gieß das Wasser ab und gib die Kichererbsen in einen Topf. Gib noch einmal die doppelte Menge Wasser sowie 1 TL Natron hinzu. Lass die Kichererbsen köcheln, bis sie richtig weich sind. Je nachdem, wie lange du sie eingeweicht hast, dauert das maximal 2–3 Stunden. Gieß die Kichererbsen in ein Sieb ab und fang das Wasser auf.

3. Gib die Kichererbsen in die Küchenmaschine. Gib das Tahini, den Saft einer halben Zitrone und eine halbe Knoblauchknolle hinzu.

4. Schalte die Maschine ein und pürier alles ein paar Minuten lang zu einer homogenen Masse. Schmeck den Hummus ab und füg eventuell noch etwas Zitronensaft und/oder Knoblauch hinzu. Verdünne den Hummus mit etwas Kochwasser und pürier ihn erneut. Der Hummus soll am Ende sehr weich sein, aber nicht völlig die Form verlieren.

5. Gib den Hummus auf einen Teller und verteil ihn mit der Rückseite eines Esslöffels. Bestreu ihn mit etwas Paprikapulver und träufele etwas Olivenöl in die Mitte.

Gebackener Blumenkohl mit Hummus

EINFACH 30 Minuten

Hummus lässt sich nicht nur als Dip verwenden. Bei diesem Gericht stellen wir das Ganze etwas auf den Kopf und verwenden das so proteinreiche Kichererbsenpüree als lauwarme Beilage für den Blumenkohl, der die Hauptrolle spielen darf.

2 PORTIONEN

1 Portion Hummus (Seite 115)

1 EL Speiseöl

1 Blumenkohl

2 TL geräuchertes Paprikapulver

Salz

3 EL Pinienkerne

2 Stängel Koriander

1. Beginne am Vortag mit der Vorbereitung für den Hummus (oder verwende Kichererbsen aus der Dose). Versuch, es zeitlich so zu planen, dass du den Hummus in der Küchenmaschine pürierst, kurz bevor der Blumenkohl im Ofen fertig ist. Er soll lauwarm sein, wenn du ihn servierst. Heiz den Backofen auf 200 Grad vor. Leg ein Backblech mit Backpapier aus und reib es mit dem Öl ein.

2. Schneide den Blumenkohl in Röschen und verteil sie auf dem Backblech. Bestreu sie mit geräuchertem Paprikapulver und etwas Salz.

3. Gib das Backblech für 10 Minuten in den Ofen. Wende dann vorsichtig die Blumenkohlröschen und back sie noch einmal 10 Minuten.

4. Bring eine Pfanne auf mittlere/hohe Hitze. Gib die Pinienkerne hinein und röste sie leicht an. Wende sie regelmäßig und pass auf, dass sie nicht anbrennen. Das geht sehr schnell.

5. Hack den Koriander grob.

6. Gib den Hummus ringförmig auf die Teller. Gib den Blumenkohl in die Mitte. Streu zum Servieren die Pinienkerne und den Koriander darüber.

TIPP: *Falls du den Hummus nicht gleichzeitig mit dem Rest des Gerichts zubereiten möchtest, kannst du ihn auch auf niedriger Stufe und mit etwas Wasser in einem Topf aufwärmen. Das dauert nur wenige Minuten.*

Blumenkohl-Burger

MITTEL 1–2 Stunden Einweichen, dann 50 Minuten

2 PORTIONEN

125 g getrocknete braune oder grüne Linsen

500 ml Wasser

3 TL Knoblauchpulver

2 TL Garam Masala

½ Blumenkohl

1 ½ TL Zwiebelpulver

2 TL Kreuzkümmel

1 ½ TL Chilipulver

Salz

3–4 EL Kichererbsenmehl

Öl zum Braten

1. Weich die Linsen ein paar Stunden in etwas Wasser ein. Gib sie danach mit 500 ml Wasser, der Hälfte des Knoblauchpulvers sowie dem Garam Masala und 1 TL Salz in einen Topf. Koch das Wasser auf und lass die Linsen abgedeckt 20–30 Minuten köcheln, bis sie weich sind. Bereite die restlichen Zutaten vor, während die Linsen kochen.

2. Heiz den Backofen auf 180 Grad vor.

3. Reib den Blumenkohl auf einer Reibe und gib ihn in eine Ofenform. Gib ihn für 10–15 Minuten in den Ofen, bis er oben langsam goldbraun wird.

4. Gib die Linsen, den Blumenkohl, das Zwiebelpulver, den Kreuzkümmel, das Chilipulver, etwas Salz und den Rest des Knoblauchpulvers in eine Schüssel. Gib das Kichererbsenmehl hinzu und verrühr alles miteinander. Verarbeite es mit einem Pürierstab zu einer homogenen Masse. Gib etwas mehr Kichererbsenmehl hinzu, falls sie noch zu feucht ist.

5. Lass die Masse mindestens 20 Minuten ruhen.

6. Wenn du bereit zum Braten der Burger bist, teilst du die Masse in vier gleich große Teile. Roll sie zu Kugeln und drück sie dann zu 1–1,5 cm dicken Scheiben zusammen.

7. Bring das Öl in einer Pfanne auf mittlere/hohe Hitze und brate die Burger auf jeder Seite etwa 5 Minuten, bis sie goldbraun sind.

8. Gut schmecken sie in Burgerbrötchen mit Salat, Tomate und Ketchup.

TIPP: *In diesem Rezept verwenden wir Kichererbsenmehl, um den Burgerteig zu binden. Wenn du kein Kichererbsenmehl hast, kannst du auch Weizenmehl und einen Esslöffel Speisestärke oder Kartoffelmehl verwenden.*

Pilze in cremiger Knoblauchsoße

EINFACH 20 Minuten

Viele Veganer, die ich kenne, sagten mir, dass sie eine einfache Sahnesoße vermissen. Immer nur pflanzliche Kochcreme zu verwenden, ist auf Dauer etwas fade. Die Lösung war zum Glück sehr einfach: ein paar Esslöffel Mandelmus. Das hier ist ein super Grundrezept für eine Sahnesoße. Die Pilze können durch nahezu alles ersetzt werden.

2 PORTIONEN

1 Schalotte

3 Knoblauchzehen

400 g gemischte Pilze

4 EL Öl zum Braten

2 EL Mandelmus

100 ml Gemüsefond oder Wasser mit Gemüsebrühepulver

250 ml Kochcreme aus Hafer oder Soja

Salz und Pfeffer

Süßkartoffelpüree (Seite 102) oder Reis zum Servieren

eventuell einige Stängel Thymian zum Servieren

1. Putz und hack die Schalotte und den Knoblauch fein. Schneide die Pilze in etwa 1 cm große Stücke.

2. Bring die Hälfte des Öls in einem Topf auf mittlere Hitze. Gib die Schalotte und den Knoblauch hinein und brate beides unter Rühren goldbraun an. Gib die Pilze und den Rest des Öls hinzu. Brate alles ein paar Minuten an. Rühr das Mandelmus unter und lösch dann alles mit dem Gemüsefond ab. Lass die Soße noch ein paar Minuten köcheln.

3. Gib die Kochcreme hinzu und lass alles aufkochen. Schmeck die Soße mit Salz und Pfeffer ab.

4. Servier die Pilze dampfend heiß, zum Beispiel mit Reis oder Kartoffelpüree und eventuell etwas Thymian.

TIPP: *Mandelmus gibt es in gut sortierten Supermärkten zu kaufen. Du kannst es aber auch selbst herstellen oder stattdessen Erdnussmus verwenden.*

Dhal mit Chilisoße

EINFACH 25 Minuten

*Dhal ist ein indisches Linsengericht, das auf tausend verschiedene Arten zu-
bereitet werden kann. Hier runden wir es mit einer selbstgemachten Chilisoße
ab, um dem Gericht etwas mehr Schärfe zu verleihen.*

2 PORTIONEN

1 EL Öl zum Braten

2 TL Kurkuma

1 TL Chilipulver

1 TL Salz

150 g gelbe oder rote Linsen*

500 ml Wasser

*gespaltene Linsen (die extradünnen),
wenn möglich*

1. Bring das Öl in einem Topf auf mittlere/hohe Hitze.
   Gib die Kurkuma, das Chilipulver und das Salz hinzu.
   Brate alles ein paar Minuten an.

2. Gib dann die Linsen und das Wasser hinzu. Deck den
   Topf ab und lass die Linsen 15 Minuten köcheln, bis
   eine dicke Suppe entstanden ist.

CHILISOSSE

1–2 Knoblauchzehen

1 Schalotte

1 roter Chili

2 cm Ingwer

3–4 Stängel Koriander

3 EL Öl zum Braten

1 TL Kreuzkümmel

100 g gehackte Tomaten

1 TL Chilipaste
(kann weggelassen werden)

1. Hack den Knoblauch, die Schalotte, den Chili und den
   Ingwer fein. Hack den Koriander grob.

2. Bring das Öl in einem Topf auf mittlere Hitze. Gib
   den Knoblauch, die Schalotte und den Kreuzkümmel
   hinein. Brate alles unter Rühren an, bis die Schalotte
   goldbraun, aber noch nicht angebrannt ist. Gib dann
   den Chili, den Ingwer und die Tomaten hinzu. Lass
   alles noch etwa 5 Minuten kochen, bis die Soße
   etwas eingedickt ist. Gib dann die Chilipaste und den
   Großteil des Korianders hinzu. Heb den Rest zum
   Garnieren auf.

3. Gib die Soße über die Linsen und garniere alles mit
   den restlichen Korianderblättern.

TIPP: *Wie die meisten indischen
Gerichte schmeckt Dhal fantastisch
mit Papadams und Mango-Chutney.*

Blumenkohl-Cashew-Korma

EINFACH 30 Minuten

Korma ist in Indien und seinen Nachbarländern ein sehr beliebtes Gericht. Es kann mit Fleisch oder Gemüse zubereitet werden, am wichtigsten ist jedoch die würzige Soße auf Basis von Joghurt, Sahne oder Nüssen.

Bei dieser Variante hier verwende ich eine Mischung aus Kokosmilch und gemahlenen Cashewnüssen, um die sämige, cremige Konsistenz zu erreichen. In die Soße geben wir Gemüse und Kichererbsen, wodurch das Gericht jede Menge Proteine und wertvolle Nährstoffe erhält.

Indische Gerichte haben oft eine fürchterlich lange Zutatenliste. Dieses hier bildet keine Ausnahme.
Doch zum Glück werden viele davon immer wieder verwendet. Dieses Gericht ist schnell zubereitet. Das, was am längsten dauert, ist eigentlich das Heraussuchen und Schneiden der Zutaten.

2 PORTIONEN

Reis zum Servieren

100 g Cashewnüsse (ungeröstet, ungesalzen)

500 ml Wasser mit Gemüsebrühepulver

1 EL Tomatenmark

200 ml Kokosmilch

1 Schalotte

3 Knoblauchzehen

2 cm Ingwer

1 Blumenkohl

2 EL Speiseöl

1 TL Paprikapulver

1 TL getrockneter Koriander

2 TL Garam Masala

1 TL Salz

frisch gemahlener Pfeffer

Saft von 1 Limette

170 g getrocknete Kichererbsen, eingeweicht und gekocht

(oder 1 Dose)

1 Handvoll Erbsen

frischer Koriander

WUSSTEST DU SCHON?

Der CO_2-Ausstoß pro Kalorie bei Rindfleisch ist ungefähr 50-mal höher als bei Kichererbsen.

1. Koch den Reis gemäß Packungsanweisung.

2. Gib die Cashewnüsse, die Gemüsebrühe, das Tomatenmark und die Kokosmilch in die Küchenmaschine und verarbeite alles zu einer glatten Soße. Alternativ kannst du auch einen Pürierstab verwenden. Es macht nichts, wenn am Ende noch ein paar kleine Nussstückchen übrig bleiben.

3. Hack die Schalotte, den Knoblauch und den Ingwer fein. Schneide den Blumen-kohl in kleine Röschen.

4. Bring das Öl in einem Topf auf mittlere/hohe Hitze. Gib die Schalotte, den Knob-lauch, den Ingwer und den Blumenkohl hinein und brate alles 2–3 Minuten an. Gib das Paprikapulver, die Koriandersamen, das Garam Masala, das Salz und den Pfeffer hinzu. Verrühr alles miteinander und brate es noch weitere 2–3 Minuten.

5. Gib die Soße aus der Küchenmaschine hinzu, lass alles aufkochen und schmeck es mit dem Saft der Limette ab. Rühr die Kichererbsen unter die Soße und lass alles 2–3 Minuten köcheln. Rühr ganz zum Schluss die Erbsen unter. Hack den Koriander fein.

6. Servier das Korma mit Reis und Koriander.

Pilze im Blätterteigmantel

EINFACH 30 Minuten

4 PORTIONEN

150 g gemischte Pilze

3 Knoblauchzehen

1 Schalotte

150 g Grünkohl

100 g Mandeln (oder andere Nüsse)

Öl zum Braten und Einpinseln

100 ml Kochcreme aus Hafer oder Soja*

Salz und Pfeffer

4 Platten Blätterteig

kann durch Kokosmilch ersetzt werden

1. Heiz den Backofen auf 200 Grad vor. Leg ein Backblech mit Back-papier aus.

2. Schneide die Pilze in Würfel. Hack den Knoblauch und die Schalotte fein. Schneide den Grünkohl und hack die Mandeln grob.

3. Bring etwas Öl in einer Pfanne auf mittlere/hohe Hitze. Gib die Pilze hinein und brate sie, bis sie anfangen, Flüssigkeit zu verlieren. Gib den Knoblauch, die Schalotte, den Grünkohl und die Mandeln hinzu und brate alles weitere 3–4 Minuten an. Gib die Kochcreme hinzu und schmeck die Füllung mit Salz und Pfeffer ab.

4. Roll die Blätterteigplatten zu Kreisen oder Quadraten aus. Gib einige großzügige Esslöffel der Pilzfüllung in die Mitte jeder Platte und falte sie zusammen. Leg die Blätterteigtaschen mit dem Falz nach unten auf das Backblech.

5. Pinsele sie mit etwas Öl ein und gib sie für etwa 15 Min Ofen. Der Blätterteig sollte goldbraun und etwas aufgeg

6. Servier die Blätterteigtaschen heiß. Dazu schmecken Br Salat oder gedämpftes Gemüse.

130 | Schritt 2

TIPP: *Die allermeisten Blätter-teige, die es im Supermarkt zu kaufen gibt, sind vegan.*

Yngves Frikadellen

MITTEL 30 Minuten

4 PORTIONEN

50 g Nüsse

ca. 500 g gekochte Kidneybohnen*

1 Schalotte

1–2 Knoblauchzehen

2 Stängel Thymian

Öl zum Braten

eventuell getrockneter Muskat und Ingwer

2 EL Leinsamen

5 EL warmes Wasser

4 EL Kartoffelmehl

eventuell einige Haferflocken

Salz und Pfeffer

*250 g, getrocknet, eingeweicht und gekocht, oder 2 Dosen

1. Zerkleinere die Nüsse in der Küchenmaschine oder einem Mixer zu Krümeln.

2. Hack die Schalotte, den Knoblauch und den Thymian fein. Erhitz das Öl in einer Pfanne. Gib die Schalotte, den Knoblauch und den Thymian hinein und brate alles ein paar Minuten an. Gib die Nüsse hinzu und brate alles unter Rühren weiter, bis es goldbraun ist. Wenn du (wie ich) findest, dass auf jeden Fall getrockneter Muskat und Ingwer in Frikadellen gehört, gibst du beides jetzt hinzu. Verrühr alles miteinander und nimm die Pfanne vom Herd.

3. Mahl die Leinsamen in einer Kaffeemühle, einem Mörser oder Ähnlichem zu Pulver. Falls du so etwas nicht hast, kannst du auch gemahlene Leinsamen im Beutel kaufen. Vermisch sie in einer kleinen Schale mit dem warmen Wasser und lass sie eine Minute stehen, bevor du weitermachst.

4. Gib die Bohnen, die Nussmischung und die Leinsamenmasse in die Küchenmaschine und verarbeite alles zu einer homogenen Masse. Wenn da noch ein paar Klümpchen sind, macht das nichts. Gib die Masse in eine Schüssel und rühr das Kartoffelmehl und die Haferflocken unter, bis ein Teig entstanden ist, aus dem du Frikadellen formen kannst. Schmeck den Teig mit Salz und Pfeffer ab.

   Form Frikadellen aus dem Teig und brate sie in einer Pfanne mit etwas Öl bei mittlerer/hoher Hitze auf jeder Seite etwa 5 Minuten, bis sie goldbraun sind.

TIPP: *Aus diesem Teig kannst du auch vegane „Fleischbällchen" herstellen, die sich gut als Tapas eignen, oder du kannst daraus Burger für den Grill machen. Am besten schmecken die Frikadellen aber immer noch mit gekochten Kartoffeln, brauner Soße und Preiselbeermarmelade.*

Rotes Tofu-Curry

MITTEL 40 Minuten

In Stavanger gibt es einen klasse Take-away mit thailändischem Essen. Ich weiß ehrlich gesagt gar nicht, wie er heißt. Alle nennen ihn einfach „den Thailänder in der Peders-gadå". Wenn du den Laden betrittst, wirst du von einem fröhlich strahlenden Asiaten begrüßt, der seinen Kunden immer einen superfreundlichen Service bietet und sich zwischendurch in flüssigem Thai mit der Mannschaft in der Küche unterhält. In einer Stadt, in der Essen im Restaurant für Veganer gar nicht so einfach ist, ist es toll, in ein Lokal zu kommen, das all seine Gerichte auch in veganen Varianten anbietet. Wirklich gleichwertigen Varianten wohlgemerkt, nicht nur welchen, bei denen das Fleisch weggelassen wurde. Auf der Karte dort stehen zwar bestimmt hundert Gerichte, aber du kannst darauf wetten, dass ich jedes Mal das Gleiche esse: rotes Tofu-Curry. Mit diesem Rezept habe ich versucht, dieses Gericht in meiner eigenen Küche entstehen zu lassen, damit alle, die „den Thailänder" nicht gleich um die Ecke haben, es auch einmal probieren können.

4 PORTIONEN

250 g Tofu

Speiseöl

Salz

3 Knoblauchzehen

1 rote Paprika

1 gelbe Paprika

3 Möhren

100 g grüne Bohnen

2 EL rote Thai-Currypaste*

2 EL Sojasoße

1 Dose Kokosmilch

2–3 Stängel Thai-Basilikum

(alternativ normales Basilikum)

2–3 Stängel Koriander

Saft von 1 Limette

1 TL Zucker oder Sirup

Reis oder Nudeln zum Servieren

kann fertig gekauft oder selbst hergestellt werden

1. Heiz den Backofen auf 200 Grad vor. Leg ein Backblech mit Backpapier aus. Schneide den Tofu in 1–1,5 cm große Würfel und verteil sie auf dem Backblech. Gib etwas Öl darüber und bestreu sie mit etwas Salz. Hier braucht es nicht viel. Gib den Tofu für 10 Minuten in den Ofen, nimm ihn dann wieder heraus, wende ihn und gib ihn noch einmal für 10–15 Minuten in den Ofen. Am besten ist der Tofu, wenn er so lange gebacken wird, bis er goldbraun ist. Bereite die restlichen Zutaten vor, während der Tofu im Ofen ist.

2. Hack den Knoblauch fein, schneide die Paprika in Streifen und die Möhren in Scheiben. Schneide eventuell die harten Enden der grünen Bohnen ab.

3. Bring etwas Öl in einem Topf auf mittlere/hohe Hitze. Gib die Currypaste hinein und brate sie 1 Minute an. Gib den Knoblauch, die Paprika und die Möhren hinzu und brate sie ebenfalls ein paar Minuten an. Gib die Sojasoße und die Kokosmilch hinzu und lass alles aufkochen. Hack das Basilikum und den Koriander grob und rühr fast alles davon unter. Press die Limette aus und gib den Saft hinzu. Schmeck die Soße mit Zucker oder Sirup ab. Gib die grünen Bohnen hinzu. Heb direkt vor dem Servieren die goldbraunen Tofustückchen unter.

4. Garnier das Curry mit den restlichen Kräutern und servier es mit Reis oder Nudeln.

Falafel mit Mango-Salsa

8 Stunden Einweichen, 30 Minuten Zubereitung

Das Ambiente war nicht sonderlich glamourös, als ich dieses Gericht, das bei mir inzwischen zu einem Aushängeschild geworden ist, zum ersten Mal probierte. Das war nach der letzten Abiprüfung. Ich war mit Schulfreunden unterwegs, und wir fühlten uns in Sachen Alkohol schon wie alte Hasen. Wir hatten in den letzten Wochen schließlich die ein oder andere Flasche Hooch (der Bacardi Breezer der 2000er Jahre) miteinander geteilt. Doch an diesem Abend hatte Fräulein Hult schon lange vor der Sperrstunde tief genug ins Glas geschaut. Also heftete ich mich an die Fersen meiner Freundin Maiken, die schon immer ein bisschen cooler war als ich.

„Sch... auf Pizza oder Fritten. Komm, wir gehen Falafel essen!"

Klar, dachte ich. Maiken ist so cool, das muss gut sein, auch wenn ich noch nie davon gehört hatte.

Als Maiken erklärte, dass das was mit gebackenen Erbsen ist, wurde ich allerdings langsam skeptisch.
Aber ich entschloss mich, es zu probieren, ich wollte ja schließlich wie sie sein.

An den Rest erinnere ich mich nicht mehr.

15 Jahre später – Himmel, wie die Zeit vergeht – sind Falafeln das meistgelesene Rezept in meinem Blog. Jeden Tag wird es von mehr als einhundert Lesern angesehen. Außerdem gebe ich in Stavanger jeden Monat einen Falafel-Kurs, und auf dem Food-Festival der Stadt, dem Gladmatfestivalen, habe ich sie sogar schon auf der Hauptbühne zubereitet. Mehrfach! Diese fantastischen Kichererbsenbällchen sind tatsächlich zu meinem beliebtesten Rezept geworden. Vielleicht sollte ich Maiken eine Dankeskarte schicken?

4 PORTIONEN

170 g getrocknete Kichererbsen

1 Schalotte

1–2 Knoblauchzehen

einige Stängel Petersilie

einige Stängel Koriander

½ roter Chili

1 TL Salz

1 TL Kreuzkümmel

1 TL Backpulver

4–5 EL Weizenmehl

oder Kichererbsenmehl

Öl zum Braten

eventuell Salat und Pita-Brot

zum Servieren

TIPP: *Du kannst Falafel auch mit Kichererbsen aus der Dose oder dem Glas zubereiten. Dann brauchst du etwas mehr Mehl und die Falafeln haben am Ende eine deutlich weichere Konsistenz.*

1. Weich die Kichererbsen mindestens 8 Stunden oder über Nacht in reichlich Wasser ein.

2. Gieß sie in ein Sieb ab und gib sie in die Küchenmaschine. Schäl die Schalotte und den Knoblauch und gib beides zu den Kichererbsen. Gib die Petersilie, den Koriander, den Chili, das Salz, den Kreuzkümmel und das Backpulver hinzu.

3. Zerkleinere alles eine Weile bei mittlerer Geschwindigkeit. Die Kichererbsen sollen am Ende nicht fein gemahlen sein. Du musst die Maschine zwischendurch wahrscheinlich ein paar Mal anhalten, um die Masse mit einem Teigspatel von den Seitenwänden abzustreifen.

4. Gib nach und nach jeweils einen Esslöffel Mehl hinzu. Wenn die Masse langsam aneinander haftet, hast du genug zugegeben.

5. Gib die Masse in eine Schüssel, deck sie mit Frischhaltefolie ab und stell sie bis zum Braten kalt.

6. Form die Masse vor dem Braten mit deinen Händen zu Bällchen in der gewünschten Größe. Bring das Öl in einer Pfanne auf mittlere/hohe Hitze und brate die Falafeln.

7. Drück sie mit einer Gabel etwas zusammen, sodass sie etwa 1 cm dick sind.

8. Brate sie auf beiden Seiten und servier sie heiß.

MANGO-SALSA

1 Mango

½ roter Chili

1–2 Knoblauchzehen

½ Schalotte

1. Schneide die Mango in kleine Würfel und hack den Chili, den Knoblauch und die Schalotte fein.

2. Gib alles in eine kleine Schüssel und vermenge es sorgfältig miteinander.

Three Bean Chili

EINFACH 20 Minuten

4 PORTIONEN

2 Schalotten

3 Knoblauchzehen

1 roter Chili

1 Jalapeño (lass ihn weg, falls du es nicht so scharf magst)

1 rote Paprika

1 grüne Paprika

6–8 Rispentomaten

Öl zum Braten

1 TL Kreuzkümmel

1 TL gemahlener Koriander

250 g gekochte Kichererbsen*

250 g gekochte Kidneybohnen*

250 g gekochte weiße Bohnen*

Salz und Pfeffer

2–3 Stängel Koriander

2 Avocados

1 Tüte Tortilla-Chips

je 1 Dose, evtl. 125 g, getrocknet, eingeweicht und gekocht

1. Hack die Schalotten, den Knoblauch und den Chili fein. Schneide die Paprika in Streifen.

2. Schneide die Tomaten in Würfel. Entferne den harten Stielansatz.

3. Bring das Öl in einer Pfanne auf mittlere/hohe Hitze. Gib den Kreuzkümmel und den Koriander hinein und brate beides 1 Minute an. Gib die Schalotten, den Knoblauch und den Chili hinzu und brate alles eine weitere Minute an. Gib die Paprikastreifen und die Tomatenwürfel hinzu und brate alles noch eine weitere Minute an. Gib die Bohnen hinzu und verrühr alles gut miteinander. Reduzier die Hitze etwas und lass den Chili köcheln. Du kannst das Gericht nach 5 Minuten servieren oder es noch eine ganze Weile köcheln lassen – es wird mit der Zeit immer besser. Gib noch etwas Wasser hinzu, falls es zu trocken wird. Schmeck das Ganze mit Salz und Pfeffer ab.

4. Hack den Koriander grob und heb ihn direkt vor dem Servieren unter.

5. Schneide die Avocados in Würfel.

6. Servier das Chili mit Avocado und Tortilla-Chips.

TIPP: *Die Beilagen kannst du nach Lust und Laune variieren. Gut passt dazu beispielsweise gekochter Reis oder Mais. Die Tortilla-Chips können durch lauwarme Weizen-Tortillas ersetzt werden.*

Resept-Nussbraten

AUFWENDIG 2 Stunden

Das hier ist der Rolls-Royce unter den Rezepten in diesem Buch. Diesen Nuss-braten essen die meisten Veganer, die ich kenne, zu Weihnachten oder zu anderen festlichen Anlässen. Das Rezept stammt ursprünglich von den Köchen des inzwischen geschlossenen Resept Cafés in Stavanger. Das Café und sein Chef Øystein waren der Inbegriff der Offenheit. Um keines ihrer Rezepte machten sie ein Geheimnis. Vor allem dieser Nussbraten wurde unzählige Male in Zeitschriften und Blogs veröffentlicht. Er ist sogar in einem Kochbuch aufgetaucht, das nicht von Øystein stammte. Höchste Zeit also, dass ich mich auch darauf stürze!

Nachdem ich vier Jahre an dem Rezept gebastelt habe, steht nun meine eigene Version des berühmten Nussbratens. Er ist aufwendig, das gebe ich zu, aber mach einfach einen Schritt nach dem anderen und ehe du dich ver-siehst, ist der Nussbraten im Ofen.

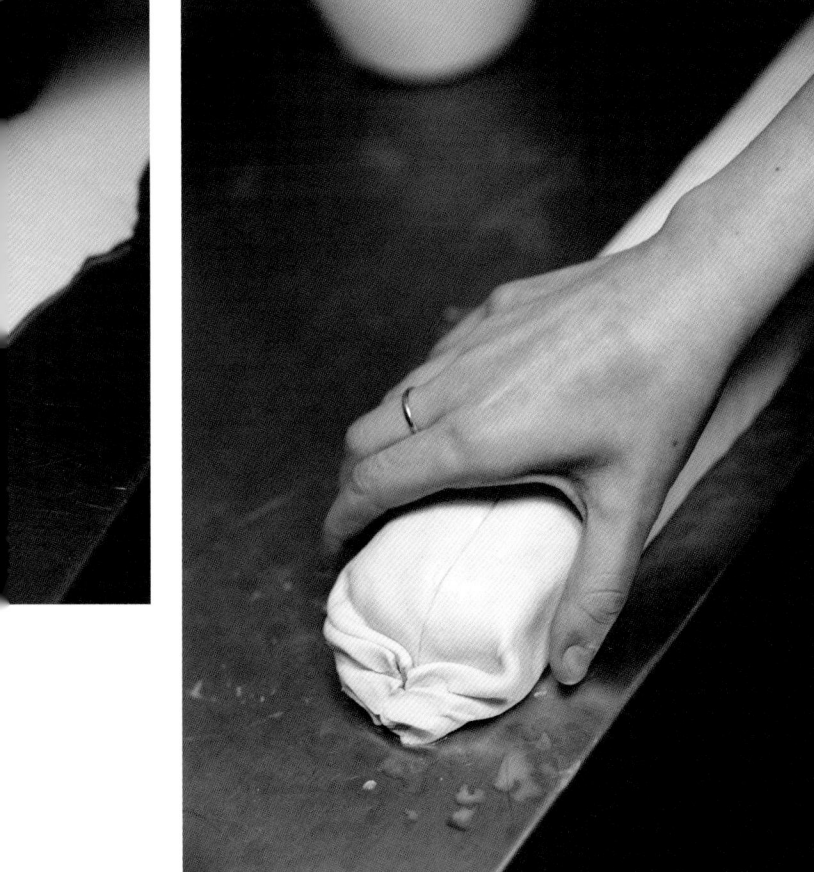

2 NUSSBRATEN / 10 PORTIONEN

400 g Nüsse (zum Beispiel
eine Mischung aus Mandeln,
Cashewnüssen und Wal-
nüssen)

200 g rote Linsen

25–50 g getrocknete Steinpilze

1 Aubergine

1 grüne Zucchini

3 Pastinaken

2 Zwiebeln

200 g Champignons

Öl zum Braten

2 EL rote Currypaste

eventuell etwas Knoblauch

10 getrocknete Aprikosen

5 EL Barbecue-Soße

einige Stängel frische Petersilie

4 EL Reismehl oder
Kichererbsenmehl

100–200 g Haferflocken

8 Platten Blätterteig

1. Weich die Nüsse mindestens zwei Stunden ein, bevor du mit der Zubereitung beginnst.

2. Bring einen Topf mit reichlich Wasser zum Kochen. Spül die Linsen ab und gib sie hinein. Lass die Linsen etwa 15 Minuten köcheln, bis sie weich sind. Gieß sie in ein Sieb ab und lass sie abkühlen.

3. Weich die Steinpilze in 200–300 ml warmem Wasser ein. Achte darauf, dass sie vollständig bedeckt sind. Lass sie etwa 20 Minuten im Wasser liegen. Heb das Wasser für die Soße auf.

4. Schneide die Aubergine und die Zucchini in etwa 1 cm große Würfel. Breite sie auf einer Platte aus und salze sie leicht. Das entzieht ihnen das Wasser. Lass sie etwa 20 Minuten liegen.

5. Häcksele die Pastinaken, die Zwiebeln und die Pilze in der Küchenmaschine in kleine Stücke oder schneide sie von Hand klein.

6. Erhitz das Öl in einer Pfanne und gib die Gemüsestücke und die Currypaste hinein. Brate alles etwa 10 Minuten an. Rühr zwischendurch um und gib eventuell noch etwas Öl hinzu.

7. Verteil die Mischung anschließend auf einem Teller, damit sie schnell auskühlt.

8. Gieß das Wasser der Auberginen- und Zucchiniwürfel ab. Bürste das Salz so gut wie möglich ab und brate die Würfel etwa 10 Minuten an. Hier kannst du auch den zerkleinerten Knoblauch hinzugeben, wenn du möchtest. Verteil das Gemüse zum Auskühlen auf einem Teller.

9. Gieß das Wasser der Nüsse ab und häcksele sie in der Küchenmaschine in kleine Krümel. Gib sie in eine große Schüssel. Meng anschließend die Linsen unter. Schneide die Aprikosen in kleine Stücke und gib sie hinzu. Gieß das Wasser der Pilze ab (bewahre es für die Soße auf), schnei-de sie in kleinere Stücke und gib sie zur Linsenmischung.

10. Gib die Pastinakenmischung, die Auberginenmischung und die Barbecue-Soße hinzu. Hack die Petersilie fein und meng sie zum Schluss ebenfalls unter.

11. Jetzt sollte eine relativ feste Masse entstanden sein. Das Ziel ist, daraus mit den Händen einen Braten formen zu können. Die Masse darf deshalb nicht zu feucht sein,

aber auch nicht auseinanderfallen. Das kannst du mit zwei
Hilfsmitteln erreichen:
1. Haferflocken, die die Masse fester machen
2. Reismehl oder Kichererbsenmehl, das die Masse bindet
Haferflocken reichen wahrscheinlich aus.

TIPP: *Der Nussbraten schmeckt am nächsten Tag mindestens genauso gut. Schneide ihn in Scheiben und brate sie in etwas Öl in einer Pfanne. Wenn die Scheiben auf beiden Seiten goldbraun sind, sind sie fertig.*

12. Lass den Teig 15 Minuten ruhen. In der Zwischenzeit
    kannst du den Ofen auf 200 Grad vorheizen und ein Back-
    blech mit Backpapier auslegen.

13. Roll die Hälfte der Blätterteigplatten so aus, dass du ein
    großes Rechteck erhältst.

14. Achte darauf, dass die Ränder etwas überlappen. Wenn
    der Ofen heiß ist, verteilst du die Hälfte der Nussmischung
    in einem Streifen mittig auf dem Blätterteig-Rechteck.

15. Schlag den Blätterteig um die Nussmischung, sodass ein
    schöner Braten entsteht.

16. Verarbeite den Rest des Blätterteigs und der Nuss-
    mischung auf die gleiche Weise.

17. Pinsel die Braten mit etwas Öl ein.

18. Gib sie für 40–50 Minuten in den Ofen. Der Nussbraten
    sollte oben knusprig sein, und wenn du einen Zahnstocher
    hineinsteckst, sollte er trocken wieder herauskommen.
    Schneide den Braten zum Servieren in Scheiben.

STEINPILZSOSSE

3 EL Öl
3 EL Weizenmehl
Wasser vom Einweichen der Pilze
200 ml Kochcreme aus Soja oder Hafer
Salz und Pfeffer

1. Verrühr mit einem Schneebesen das Öl und das
   Weizenmehl in einem kleinen Topf miteinander.

2. Bring ihn auf mittlere Hitze und schwitz das Mehl
   einige Minuten an, bis es etwas Farbe bekommt.

3. Gib das Wasser vom Einweichen der Pilze hinein
   und füg anschließend Kochcreme hinzu, bis die gewünschte Konsistenz erreicht ist. Schmeck die Soße
   mit Salz und Pfeffer ab.

Milchreis

EINFACH 1 Stunde

In einem Kochbuch braucht man doch kein Rezept für Milchreis, denkst du dir vielleicht. Aber um dieses Rezept zu finden, waren so einige Versuche und Fehlschläge nötig. Die Herausforderung war die Milch. Ich habe viele verschiedene Sorten und Kombinationen ausprobiert und bin letztlich zu dem Ergebnis gekommen, dass diese hier am besten funktioniert. Die Sojamilch macht den Milchreis schön sämig, und die Kokosmilch sorgt neben der Sämigkeit auch für Süße. Wenn du kein großer Fan von Kokosmilch bist, kannst du den Anteil der Sojamilch erhöhen. Liegt der Anteil der Kokosmilch bei weniger als einem Drittel, ist ihr Geschmack nicht mehr allzu prägnant.

4 PORTIONEN

175 g Milchreis
etwas Salz
400 ml Wasser
500 ml Sojamilch
500 ml Kokosmilch
vegane Margarine, Zucker und
Zimt zum Servieren

1. Koch den Reis, das Salz und das Wasser in einem abgedeckten Topf auf.

2. Gib die Milch hinzu und lass alles etwa 1 Stunde köcheln. Rühr ab und zu um.

3. Servier den Milchreis mit Margarine, Zucker und Zimt.

TIPP: *Mach etwas mehr, wenn du noch Reiscreme zubereiten möchtest!*

Reiscreme mit Himbeersoße

EINFACH 15 Minuten

4 PORTIONEN

200 ml Sojacreme
zum Aufschlagen
1 EL Zucker
500 ml kalter, gekochter Milchreis
(Seite 147)

1. Schlag die Sojacreme und den Zucker steif.

2. Heb mit einem Teigspatel nach und nach den
   Milchreis unter.

HIMBEERSOSSE

100 ml Wasser
90 g Zucker
250 g Himbeeren

1. Koch das Wasser und den Zucker auf. Lass den ent-
   standenen Sirup abkühlen.

2. Gib ihn zusammen mit den Himbeeren in die Küchenmaschine und verarbeite beides zu einer glatten
   Soße. Passier die Soße durch ein feines Sieb.

3. Servier die Reiscreme mit der Himbeersoße – und
   dekorier noch mit Mandeln!

Mousse au Chocolat

EINFACH 10 Minuten

Das Schlimmste daran, Veganer zu werden, ist die Angst, niemals wieder Desserts essen zu können. Die süßen Kleinigkeiten sind schließlich das Beste überhaupt, und die meisten von uns leben in dem Glauben, dass es unmöglich ist, gute Desserts ohne Ei, Sahne und Butter herzustellen. Weit gefehlt! Du kannst dir sicher vorstellen, wie begeistert ich war, als ich herausfand, dass vegane Mousse au Chocolat sogar einfacher zuzubereiten ist als die Variante mit Schlagsahne und Ei – und das mit einer so simplen Zutat wie Sojacreme. Das hier ist nicht nur die einfachste Mousse au Chocolat der Welt, sie ist auch genau so, wie sie sein soll: luftig und herrlich schokoladig.

Sie eignet sich auch fantastisch als Füllung für Kuchen und vor allem Cupcakes. Sie trennt sich nicht und behält selbst dann ihre Form, wenn sie ein paar Stunden bei Zimmertemperatur auf dem Tisch steht.

2 PORTIONEN

100 g milchfreie Schokolade
100 ml Sojacreme zum Aufschlagen

1. Schmilz die Schokolade im Wasserbad. Schlag die Sojacreme steif und heb vorsichtig die Schokolade unter. Du kannst die Mousse sofort servieren oder sie im Kühlschrank noch etwas fester werden lassen.

2. Zum Niederknien gut schmeckt die Mousse au Chocolat mit Obstsalat und kandierten Nüssen (Seite 82).

TIPP: *Aufgeschlagener Sojacreme kannst du viele verschiedene Geschmacksnoten verleihen. Erdnussmus und etwas Zucker passen sehr gut dazu, ebenso wie pürierte Beeren.*

Omas Schokoladenpudding

EINFACH 15 Minuten

Ich hatte das unglaubliche Glück, dass meine Großeltern in meiner Kindheit direkt nebenan wohnten.

Der Küchentisch meiner Oma war mein liebster Ort auf der ganzen Welt. Ich lief immer extra schnell von der Schule nach Hause, damit ich mit den beiden essen konnte, bevor meine Eltern von der Arbeit nach Hause kamen. Wenn meine Oma Waffeln machte, konnte ich das schon aus weiter Ferne riechen. Zum Sonntagsessen waren wir auch oft alle bei ihr. Sie liebte es, den ganzen Tag in der Küche zu stehen und für die ganze Familie zu kochen.

Wie jeder weiß, essen Erwachsene unglaublich spät. Eine andere universelle Wahrheit ist, dass die Chancen auf ein Dessert schlecht stehen, wenn man nicht aufisst. Deshalb ging ich immer schon etwas früher als die anderen zu meinen Großeltern. Das Schlafzimmer meines Opas war etwas kühler als die Wohnräume, und Leckermäulchen Mari wusste ganz genau, dass das der magische Ort war, an dem sich das Dessert versteckte. Wenn ich die Kunststoffschüssel mit dem Herz im Boden sah (die Art, wie sie früher zum Stürzen von Pudding verwendet wurde), bedeutete das, dass mich Schokoladenpudding erwartete. Für mich gab es nichts Besseres. Ich glaube fest daran, dass meine Oma ihn nur deshalb so oft machte, weil sie wusste, wie sehr ich ihn liebte. Das war genau die Motivation, die ein kleines Mädchen wie ich brauchte, um sich durch das Hauptgericht zu quälen.

Das Geheimnis hinter dem Pudding meiner Oma war schlicht und einfach, dass sie noch etwas zusätzliche Schokolade hineingab.
Das und natürlich eine ordentliche Portion großmütterliche Liebe.

Die beste Zutat überhaupt.

4 PORTIONEN

180 g Zucker

30 g Kakaopulver

80 g Speisestärke

700 ml Sojamilch mit Schokogeschmack

50 g milchfreie Schokolade

1 TL Vanilleextrakt

frische Beeren und/oder Vanillesoße

zum Servieren

1. Gib den Zucker, das Kakaopulver und die Speisestärke in einen Topf. Vermeng alles sorgfältig miteinander. Gib die Sojamilch hinzu und rühr alles mit einem Schneebesen glatt. Koch die Flüssigkeit vorsichtig unter Rühren auf. Wenn die Puddingmasse droht anzubrennen, musst du die Hitze reduzieren.

2. Verringere die Hitze, sobald der Pudding kocht, aber rühr weiter. Nach 5–10 Minuten wird der Pudding fest. Nimm den Topf vom Herd.

3. Hack die Schokolade fein und gib sie zusammen mit dem Vanilleextrakt in den Topf. Rühr um, bis die Schokolade geschmolzen ist.

4. Du kannst den Pudding warm servieren oder ihn in eine Schale geben, mit Frischhaltefolie abdecken und über Nacht in den Kühlschrank stellen.

5. Servier ihn mit frischen Beeren und/oder Vanillesoße.

TIPP: *Wenn du keine Sojamilch mit Schokogeschmack dahast, kannst du ruhig auch normale verwenden. Gib dann 50 g Schokolade mehr hinzu.*

Waffeln

MITTEL 30 Minuten

Frisch gebackene Waffeln. Was gibt es Besseres.

CA. 10 WAFFELN

300 g Weizenmehl

3 EL Zucker

2 TL Backpulver

1 TL Natron

etwas Salz

200 ml Sojajoghurt (Natur oder Vanille)

350 ml Sojamilch

5 EL Wasser

75 ml Sonnenblumen- oder Rapsöl

Öl zum Ausbacken

1. Vermeng das Weizenmehl, den Zucker, das Backpulver, das Natron und das Salz in einer Schüssel miteinander.

2. Verschlag in einer anderen Schüssel den Joghurt, die Milch, das Wasser und das Öl miteinander. Gib die Flüssigkeit in die Schüssel mit den trockenen Zutaten und verschlag alles kurz zu einem glatten Teig.

3. Lass den Teig 15 Minuten quellen.

4. Reib das Waffeleisen mit etwas Öl ein und back die Waffeln, bis sie goldbraun sind.

TIPP: *Lass die Waffeln auf einem Gitter auskühlen, wenn du sie knusprig magst. Stapelst du die frisch gebackenen Waffeln übereinander, werden sie weich.*

Eierkuchen mit Heidelbeeren und Kaffeebutter

MITTEL 30 Minuten

Ich kann verstehen, wenn „Kaffeebutter" in deinen Ohren ein bisschen eklig klingt. Das höre ich nicht zum ersten Mal. Das Rezept hier war eine Bestellung meiner Freundin Mari, die eine Ultraläuferin ist (du weißt schon, eine von diesen verrückten Leuten, denen ein Marathon nicht lang genug ist und die sich lieber über die doppelte Distanz quälen). Sie war in einer Zeitschrift für Läufer auf eine nichtvegane Variante dieser Eierkuchen gestoßen, die als gutes Essen vor einem Lauf angepriesen wurden. Mari fand, das hörte sich gut an, und fragte mich, ob ich nicht eine vegane Version davon zubereiten könnte. Ihr Wunsch war mir Befehl. Für Ultra-Mari scheue ich doch keine Mühen! Das bestellte Rezept hat nicht lange auf sich warten lassen, und die Eierkuchen schmecken ganz wunderbar zusammen mit Kaffeebutter, Heidelbeeren und Ahornsirup.

PS: Glaub bitte trotzdem nicht, dass ich vorhabe, in absehbarer Zukunft weiter zu rennen als bis zur nächsten Bushaltestelle, wenn es mal regnet. Da hört das Engagement auf …

CA. 8 EIERKUCHEN

2 gehäufte EL vegane Margarine

150 g Weizenmehl

1 EL Speisestärke

45 g Zucker

2 TL Backpulver

etwas Salz

350 ml Sojamilch

3 EL Sojajoghurt Natur

vegane Margarine oder

pflanzliches Öl zum Ausbacken

1. Schmilz die Margarine in einem kleinen Topf.

2. Vermenge das Weizenmehl, die Speisestärke, den Zucker, das Backpulver und das Salz in einer Schüssel miteinander.

3. Verschlag die geschmolzene Margarine mit der Sojamilch und dem Sojajoghurt. Gib die Mischung zu den trockenen Zutaten und verschlag alles kurz miteinander.

4. Lass den Teig mindestens 15 Minuten quellen.

5. Erhitze etwas Margarine oder Öl in einer Pfanne und back die Eierkuchen bei mittlerer Hitze aus.

BEILAGEN

2 EL kalter Espresso oder

starker Kaffee

6 EL vegane Margarine

etwas Salz

Ahornsirup

Heidelbeeren

1. Verrühr den Kaffee, die Margarine und das Salz in einer kleinen Schüssel miteinander und stell sie kalt, damit die Butter etwas fester wird.

2. Servier die Eierkuchen warm mit Kaffeebutter, Ahornsirup und Heidelbeeren.

WUSSTEST DU SCHON?
*Kaffee wurde früher
nicht getrunken,
sondern gegessen.
Aus den Kaffeekirschen
wurden zusammen
mit Fett kleine Energie-
bällchen hergestellt.*

Schokoladenkuchen

MITTEL 1 Stunde

1 KUCHEN

Öl zum Fetten und Mehl
zum Bestäuben der Form

300 g Weizenmehl

180 g weißer Zucker

40 g Kakaopulver

1 ½ TL Vanillezucker oder
Vanilleextrakt

1 TL Zimt

1 ½ TL Natron

½ TL Salz

2 EL frisch gebrühter starker Kaffee

2 EL brauner Zucker

350 ml Wasser

75 ml Rapsöl

1. Heiz den Backofen auf 175 Grad vor. Fette den Boden und den Rand einer Springform (20–22 cm) mit etwas Öl und bestäube sie mit etwas Mehl.

2. Siebe das Weizenmehl, den Zucker, das Kakaopulver, den Vanillezucker, den Zimt, das Natron und das Salz in eine große Rührschüssel.

3. Verrühr den Kaffee, den braunen Zucker, das Wasser und das Rapsöl in einer kleinen Schüssel mitein-ander. Gib die Flüssigkeit in die Schüssel mit den trockenen Zutaten und verrühr alles kurz kräftig mit dem Handrührgerät zu einem glatten Teig.

4. Gib den Teig in die Springform und kratz die Schüssel mit einem Teigspatel aus. Back den Kuchen 25–30 Minuten. Mach eine Stäbchenprobe, um zu prüfen, ob der Kuchen fertig ist: Stich mit einem Holzstäbchen in die Mitte des Kuchens und zieh es wieder heraus. Wenn kein Teig daran klebt, ist der Kuchen fertig.

5. Lass den Kuchen vollständig auf der Arbeitsplatte auskühlen, bevor du ihn verzierst.

GLASUR

200 g milchfreie Schokolade

2 EL starker Kaffee

100 g vegane Margarine

120–180 g Puderzucker

1. Schmilz die Schokolade zusammen mit dem Kaffee in einem Wasserbad.

2. Schlag die Margarine mit 60 g Puderzucker schaumig. Heb vorsichtig die flüssige Schokolade unter. Gib nach Geschmack den restlichen Puderzucker hinzu.

3. Lass die Glasur etwas abkühlen, bevor du sie auf den Kuchen gibst. Sie wird fester, wenn sie abkühlt.

Nutella-Trüffel

MITTEL 20 Minuten Zubereitung, einige Stunden Auskühlen

Hier kommt etwas zum Naschen! Für diese Trüffel brauchst du Haselnussmus. Das kannst du selbst machen, und dafür brauchst du zum Glück auch nur ein paar Minuten, also lass dich davon nicht abschrecken. Du ersetzt einfach nur die Mandeln durch Haselnüsse.

10–15 STÜCK

200 g milchfreie Schokolade

3 EL Kokosmilch

(die obere Cremeschicht)

1 EL Haselnussmus

1 EL Ahornsirup

1 kleine Prise Salz

½ TL Vanilleextrakt

50 g Haselnüsse

1. Hack die Schokolade grob und schmilz sie im Wasserbad.

2. Rühr vorsichtig die Kokosmilch, das Haselnussmus, den Ahornsirup, das Salz und den Vanilleextrakt unter. Pass auf, dass du dich am Wasser des Wasserbads nicht verbrennst. Rühr, bis die Masse vollkommen glatt ist. Gib sie in eine kalte und trockene Schüssel und stell sie zum Abkühlen in den Kühlschrank.

3. Hack die Nüsse.

4. Nach ein paar Stunden wird die Schokolade langsam fest. Nimm mit einem Esslöffel etwas von der Schokomasse, roll sie zu einer Kugel und wälze sie in den gehackten Nüssen.

5. Gib die Trüffel auf einen Teller und stell sie wieder kalt. Bewahr die Trüffel im Kühlschrank auf.

WUSSTEST DU SCHON?
Schokoladenaufstrich mit Nüssen (aka Nutella) haben wir wahrscheinlich Napoleon zu verdanken. Im Jahre 1806 versuchte Napoleon, den Handel mit Großbritannien zu unterbinden und auf diesem Wege den Krieg zu gewinnen (und die Weltherrschaft an sich zu reißen), was dazu geführt haben soll, dass die Schokoladenpreise in den Himmel schossen. Doch die Schokoladenhersteller wussten sich zu helfen. Um die teure Schokolade zu strecken, fügten sie Haselnüsse hinzu …

Bounty

MITTEL 20 Minuten, einige Stunden Auskühlen

10 STÜCK

1 Dose Kokosmilch
(du brauchst nicht die gesamte Menge)
100 g Kokosflocken + einige zum Verzieren
120 g Puderzucker
200 g milchfreie Schokolade

1. Stell die Dose mit der Kokosmilch über Nacht in den Kühlschrank.

2. Nimm zwei gehäufte Esslöffel von der Kokosmilch ab. Achte darauf, dass du nur die feste obere Schicht verwendest.

3. Verrühr die Kokoscreme mit den Kokosflocken und dem Puderzucker. Füg den Puderzucker am besten nach und nach hinzu und probier zwischendurch. Vielleicht möchtest du lieber etwas weniger verwenden.

4. Leg eine kleine gefrierfeste Form mit Frischhaltefolie aus und drück die Kokosmasse hinein. Gib sie für ein paar Stunden ins Tiefkühlfach, bis die Masse fest ist. Nimm die Form heraus und schneide die Kokosmasse auf die gewünschte Größe und Form zurecht.

5. Gib die Stückchen zurück ins Tiefkühlfach, während du die Schokolade vorbereitest.

6. Schmilz die Schokolade im Wasserbad. Leg eine kleine Platte oder einen Teller mit Küchenpapier aus. Streu Kokosflocken auf einen kleinen Teller.

7. Tauche die zugeschnittenen Kokosstückchen einzeln in die Schokolade und wälze sie danach in den Kokosflocken.

8. Leg sie auf das Küchenpapier und stell sie in den Kühlschrank, damit die Schokolade fest werden kann.

TIPP: *Fettreduzierte Kokosmilch ist hierfür nicht geeignet, und du kannst auch nur die oberste Schicht in der Dose verwenden (die aber im Grunde den Großteil des Inhalts ausmacht). Mit dem restlichen Kokoswasser kannst du ausgezeichnete Smoothies herstellen.*

Chocolate Fudge

EINFACH 20 Minuten, einige Stunden Auskühlen

20 STÜCK

150 ml Kokosmilch
2 EL Kokosöl
200 g milchfreie Schokolade
(am besten Schokotröpfchen)
etwas Meersalz

1. Leg eine kleine Kastenform oder eine kleine quadratische Form mit Backpapier aus.

2. Koch die Kokosmilch und das Kokosöl unter Rühren auf. Lass die Flüssigkeit einige Minuten kochen. Hack die Schokolade grob.

3. Nimm den Topf vom Herd und gib die Schokolade hinein. Rühr, bis sie vollkommen geschmolzen ist.

4. Schmeck die Masse mit etwas Meersalz ab.

5. Gib sie in die Form und stell sie zum Abkühlen in den Kühlschrank oder das Tiefkühlfach (ich empfehle den Kühlschrank).

6. Nach ein paar Stunden ist der Fudge fest. Nimm die Form heraus und schneide ihn in quadratische Stücke.

7. Du kannst den Chocolate Fudge sofort servieren oder einige Tage im Kühlschrank aufbewahren.

TIPP: *Wir verwenden hier Kokosöl. Es hat einen deutlich niedrigeren Schmelzpunkt als andere Speisefette und ist perfekt, um Desserts, Cremes oder, wie hier, einem Fudge eine etwas festere Konsistenz zu verleihen.*

SCHRITT 3
ALL IN

I took your name

*„All in" ist ein Poker-Begriff und bedeutet so viel wie „alles set-
zen". Das kann heißen, dass du gute Karten auf der Hand hast,
vielleicht aber auch nur, dass du gut im Bluffen bist. In diesem
dritten Schritt setzen wir auf beides: Wir sichern uns die besten
Karten, indem wir alle möglichen merkwürdigen Produkte aus
Drogerien, Bioläden, internationalen Lebensmittelgeschäften
und nicht zuletzt dem Internet verwenden.
Gleichzeitig wirst du lernen, Gerichte zuzubereiten, die den
Varianten mit Fleisch, Ei und Milch so ähnlich sind, dass du
selbst anfangen kannst, ein bisschen zu bluffen.*

*Es ist aber keineswegs so, dass alle Gerichte in diesem Teil
wochenlange Planung und Vorbereitung erfordern. Manche der
Rezepte sind hier gelandet, weil sie gut zu ihren Nachbarge-
richten passen. Zum Beispiel findest du hier drei wunderbare
Tapas-Rezepte, dicht gefolgt von einer ausgelassenen Taco-
Fiesta!*

*Wir machen uns in diesem Schritt die Namen vieler nicht-
veganer Klassiker wie Lasagne, Pizza, Quiche und Frühlingsrollen zu eigen und kreieren vollkommen vegane Varianten
daraus. Den Abschluss bilden Kuchen für besondere Anlässe –
ebenfalls ohne Ei und Milch.*

Vegan zu kochen ist eine wunderbare Reise. In diesem dritten Schritt wenden wir uns Gerichten zu, deren Zubereitung ohne tierische Produkte niemand für möglich gehalten hätte.

1. SOJA-SCHNETZEL

Dieses Granulat besteht aus getrock-
netem und entfettetem Sojamehl und
ist auch als TVP (Textured Vegetable
Protein) bekannt. Eingeweicht und
mariniert bekommt es eine Konsistenz,
die Hackfleisch sehr ähnlich ist. Du
findest es in gut sortierten Supermärkten, Bioläden und asiatischen
Lebensmittelgeschäften.

2. AGAR-AGAR-FLOCKEN

Agar-Agar ist eine pflanzliche Alternative zu Gelatine, die zudem auch einen
höheren Schmelzpunkt als Gelatine hat.
Super geeignet für Gelee und Puddings.
Du findest es in gut sortierten Supermärkten, Drogerien und Bioläden.

3. VEGANER FRISCHKÄSE

Eine wunderbare Alternative zu
gewöhnlichem Frischkäse. Die Natur-
variante eignet sich super für Käse-
kuchen und Frischkäseglasuren.

4. GERÄUCHERTES PAPRIKA-PULVER

Ein fabelhaftes spanisches Gewürz, das schön rauchig schmeckt. Bei veganen Gerichten wird es häufig eingesetzt, um einen an Fleisch erinnernden Geschmack zu erzielen. Du findest es in gut sortierten Supermärkten und Feinkostgeschäften.

5. SCHWARZSALZ / KALA NAMAK

Ein kurioses Salz, das eigentlich rosa ist und wie Ei schmeckt und riecht. Genau deshalb verwenden wir es, wenn wir Eier in Omeletts, Quiches usw. ersetzen. Du bekommst es in internationalen Lebensmittelgeschäften und im Internet.

6. HEFEFLOCKEN

Flocken aus inaktiver Hefe (das heißt, dass du sie nicht als Triebmittel einsetzen kannst), die ein bisschen wie Käse schmecken. Richtig gut in Soßen und allem anderen, dem du Käsegeschmack verleihen willst. Du findest sie in gut sortierten Supermärkten, Drogerien und Bioläden.

SCHRITT 3: REZEPTE

Englische Muffins

MITTEL 1,5 Stunden

CA. 12 MUFFINS

250 ml lauwarmes Wasser (etwas mehr als handwarm)
1 TL Trockenhefe
1 EL Zucker
3–4 EL Öl

300 g Weizenmehl
1 TL Salz
etwas Wasser
40 g Maismehl/Polentamehl
eventuell etwas Öl zum Ausbacken

1. Verrühr in einer kleinen Schüssel das Wasser mit der Trockenhefe und dem Zucker. Lass die Mischung stehen, bis sich die Hefe aufgelöst hat. Das dauert etwa 5 Minuten. Gib das Öl hinzu und warte wieder einige Minuten.

2. Gib das Weizenmehl und das Salz in eine größere Schüssel. Verrühr beides miteinander. Forme in der Mitte eine Mulde und gib die Hefemischung hinein. Verrühr alles miteinander und knete den Teig sorgfältig. Füg noch etwas mehr Weizenmehl hinzu, falls er zu klebrig ist.

3. Deck die Schüssel mit Frischhaltefolie oder einem sauberen Geschirrtuch ab. Lass den Teig an einem warmen Ort etwa 1 Stunde gehen.

4. Heiz den Backofen auf 200 Grad vor und leg ein Backblech mit Backpapier aus.

5. Roll den Teig auf einer leicht mit Mehl bestäubten Arbeitsfläche etwa 1 cm dick aus. Stich mit einer runden, etwa 6–8 Zentimeter großen Form Kreise aus. Dazu kannst du auch ein Glas verwenden. Pass dann aber auf, dass es nicht kaputtgeht.

6. Gib etwas Wasser in eine Schale und das Maismehl/Polentamehl in eine andere.

7. Wende die runden Teigstücke zuerst im Wasser, danach im Maismehl und leg sie dann auf das Backblech. Bereite die übrigen Stücke auf die gleiche Weise vor.

8. Back sie etwa 15 Minuten auf mittlerer Schiene im Ofen. Dreh sie nach der Hälfte der Zeit um, damit sie am Ende auf beiden Seiten flach sind.

9. Mit Erdbeerkompott und einer Tasse Tee schmecken diese Muffins einfach traumhaft.

TIPP: *Du kannst die Muffins auch in der Pfanne ausbacken. 3–4 Minuten auf jeder Seite reichen aus. Das ist zum Beispiel praktisch, wenn du im Urlaub oder im Garten bist und keinen Backofen hast. Übrig gebliebene Muffins vom Vortag werden super, wenn du sie noch einmal in den Toaster steckst.*

Frühstücksmuffins mit Paprika und Mais

MITTEL 40 Minuten

12 MUFFINS

1 EL Leinsamen

3 EL warmes Wasser

250 ml Sojamilch

2 TL Apfelcidre-Essig

1 Schalotte

½ rote Paprika

einige Stängel Koriander

1 kleine Dose Mais

1 EL Olivenöl

190 g Maismehl

150 g Weizenmehl

2 TL Backpulver

1 TL Meersalz

1 TL Kreuzkümmel

½ TL Chilipulver oder Paprikapulver

4 EL Ahornsirup

50 ml Rapsöl

1. Heiz den Backofen auf 180 Grad vor. Gib 12 Muffinförmchen in ein Muffinblech.

2. Mahle die Leinsamen in einer Kaffeemühle, einem Mörser oder Ähnlichem (du kannst auch bereits gemahlene Leinsamen kaufen). Gib die Samen in eine kleine Schüssel und gieß das Wasser hinzu. Lass die Leinsamen ein paar Minuten quellen. Verschlag in einer etwas größeren Schüssel die Sojamilch mit dem Essig. Lass die Mischung einige Minuten stehen, damit sie eindickt.

3. Hack die Schalotte fein und schneide die Paprika in kleine Würfel. Hack den Koriander grob. Gieß den Mais in ein Sieb ab.

4. Bring das Öl in einer Pfanne auf mittlere Hitze. Gib die Schalotte, die Paprika und den Mais hinein und brate alles an, bis die Schalotte langsam weich wird.

5. Vermenge in einer großen Schüssel das Maismehl, das Weizenmehl, das Backpulver, das Salz, den Kreuzkümmel und das Chilipulver oder Paprikapulver miteinander. Forme in der Mitte eine Mulde und gib den Ahornsirup, das Rapsöl, die Leinsamenmischung und die Sojamilchmischung hinein. Verrühr alles kurz kräftig mit dem Handrührgerät. Heb zum Schluss den Koriander und das Gemüse aus der Pfanne unter.

6. Verteil den Teig auf die Muffinförmchen. Back die Muffins 20 Minuten im Ofen.

Zucchini-Quiche

MITTEL 1 Stunde

In einem etwas zwielichtigen Kiez im Süden Berlins liegt das tollste Café der Welt. Die Häuser in der Umgebung sind heruntergekommen und mit schlechten Graffitis übersät, doch wenn du durch die große Tür trittst, eröffnet sich dir plötzlich ein fantastischer Raum mit hohen, weißen Holzwänden. Das ganze Café strahlt ein wunderbares, urbanes Flair aus. Mitten im ersten Raum erwartet dich eine Theke mit den verlockendsten veganen Spezialitäten aller Zeiten, vollgepackt mit Mittagsgerichten und Kuchen. Café Vux heißt die gastronomische Perle, und diese Zucchini-Quiche ist mein Versuch, einen ihrer Bestseller zu kopieren.

1 QUICHE / 6 PORTIONEN

150 g Weizenmehl
90 g Weizenvollkornmehl
1 TL Salz
75 g vegane Margarine
4 EL Wasser

1. Heiz den Backofen auf 175 Grad vor. Gib das Mehl, das Salz und die Margarine in die Küchenmaschine. Vermenge die Zutaten bei niedriger Geschwindigkeit miteinander. Gib nach und nach etwas Wasser hinzu, bis ein fester Teig entstanden ist. Wickle den Teig in Frischhaltefolie und leg ihn für 30 Minuten in den Kühlschrank.

2. Roll den Teig aus und leg ihn in eine Quiche-Form. Achte darauf, dass auch der Rand bedeckt ist.

FÜLLUNG

1 Knoblauchzehe
1 Schalotte
1 Zucchini
Öl zum Braten
1 TL Paprikapulver
1 Packung Seidentofu (ca. 300 g)
50 ml Kochcreme aus Soja
4 EL Hefeflocken
1 EL Speisestärke
1 EL Tahini
1 TL Schwarzsalz (oder normales Salz)
frisch gemahlener Pfeffer
½ TL Zwiebelpulver
½ TL Kurkuma

1. Hack den Knoblauch und die Schalotte fein. Schneide die Zucchini in dünne Scheiben, am besten mit einem Gemüsehobel, falls du einen hast.

2. Erhitz das Öl in einer Pfanne. Gib den Knoblauch und die Schalotte hinein und brate beides an, bis die Schalotte glasig wird. Gib die Zucchinischeiben hinzu und brate sie ebenfalls einige Minuten an. Wende die Zucchini vorsichtig. Würze das Gemüse mit Paprikapulver.

3. Verteil die Mischung auf dem Teig in der Quiche-Form.

4. Verarbeite die restlichen Zutaten in der Küchenmaschine zu einer homogenen Masse. Gib sie über die Zucchini. Streich die Füllung mit einem Teigspatel glatt.

5. Gib die Quiche für 30–35 Minuten in den Ofen.

6. Du kannst sie heiß, lauwarm oder kalt servieren. Dazu passt ein grüner Salat.

TIPP: *Die Zucchini in diesem Rezept kann problemlos durch andere Zutaten wie zum Beispiel Brokkoli, Pilze und Paprika ersetzt werden.*

Tapas-Kartoffeln

EINFACH 1 Stunde

Diesen Kartoffeln habe ich es zu verdanken, dass ich heute stolze Besitzerin des besten Pürierstabs der Welt bin. Ich bin eine fürchterlich schlechte Verliererin und versuche deshalb, nicht an allzu vielen Wettbewerben teilzunehmen. Doch genau in dieses Gericht hier hatte ich so viel Vertrauen, dass ich bei einem Online-Wettbewerb mitgemacht habe, dessen Hauptpreis besagter Pürierstab war. Jedes Mal, wenn ich ihn verwende, denke ich nun voller Zuneigung und Dank an die Leser, die so fleißig für mich gestimmt haben.

4 PORTIONEN

800 g Kartoffeln

2 EL Öl

3 EL Tomatenmark

1 TL geräuchertes Paprikapulver*

3 Knoblauchzehen

Salz und Pfeffer

Saft von ½ Zitrone

* kann auch durch normales Paprikapulver ersetzt werden

1. Heiz den Backofen auf 180 Grad vor und such eine Ofenform heraus.

2. Wasch oder schäl die Kartoffeln und schneide sie in etwa 1 cm große Würfel. Verrühr das Öl, das Tomatenmark und das geräucherte Paprikapulver miteinander. Gib die Kartoffeln hinein, vermenge sie mit der Marinade und gib sie dann in die Ofenform. Schäl und hack den Knoblauch grob und verteil ihn über den Kartoffeln. Würze sie mit Salz und Pfeffer. Back die Kartoffeln etwa 40 Minuten im Ofen. Wende sie nach 20 Minuten vorsichtig. Fünf Minuten vor Ende der Backzeit gibst du den Saft der Zitrone über die Kartoffeln.

3. Servier sie dampfend heiß.

TIPP: *Diese Kartoffeln machen sich gut als Beilage zu Hauptgerichten, am allerbesten schmecken sie aber mit einer einfachen Aioli.*

Spanisches Omelett

MITTEL 25 Minuten

Tortilla de patata ist das beste Essen, das ich kenne. Das ist ein ganz einfaches Omelett mit Zwiebeln und Kartoffeln, das in wirklich jedem Tapas-Restaurant in Barcelona serviert wird. Und im Rest Spaniens sicher auch. Es ist einfach so gut … Um das Gericht ohne Ei hinzubekommen, benötigen wir ein ganzes Arsenal an Zutaten, aber ich verspreche: Die Mühe lohnt sich. Seidentofu und Kichererbsenmehl liefern uns die gewünschte Konsistenz, und Senf, Hefeflocken, geräuchertes Paprikapulver und das wundersame „Schwarzsalz" (das eigentlich rosa ist) sorgen für einen absolut fantastischen Geschmack. PS: Kichererbsenmehl bekommst du in gut sortierten Supermärkten, internationalen Lebensmittelgeschäften und Drogerien.

2 PORTIONEN

2 Schalotten

5–6 Kartoffeln

2 EL Olivenöl

120 g Seidentofu

80 g Kichererbsenmehl

200 ml ungesüßte Sojamilch

1 Knoblauchzehe

1 TL Senf

2 EL Hefeflocken

½ TL Zwiebelpulver

½ TL geräuchertes Paprikapulver

1 TL Schwarzsalz

Öl zum Braten

1. Hack die Schalotten fein. Schäl die Kartoffeln und schneide sie in Würfel.

2. Bring das Öl in einer Pfanne auf mittlere Hitze. Brate die Kartoffeln 4–5 Minuten an. Gib dann die Schalotten hinzu und brate sie ebenfalls einige Minuten an.

3. Verarbeite den Seidentofu, das Kichererbsenmehl, die Sojamilch, den Knoblauch, den Senf, die Hefeflocken, das Zwiebelpulver, das geräucherte Paprikapulver und das Salz in der Küchenmaschine oder einem Mixer zu einer homogenen Masse. Meng die Kartoffel-Schalotten-Mischung unter.

4. Such eine große oder zwei mittelgroße/kleine Pfannen heraus. Gib Öl hinein und bring es auf mittlere Hitze. Gib die Kartoffelmasse hinein und brate sie, bis das Omelett am Rand fest wird. Leg einen Teller auf die Pfanne, halt beides am Rand fest und dreh das Ganze auf den Kopf. Stell die Pfanne zurück auf den Herd und lass das Omelett wieder hineingleiten. Brate es auf der anderen Seite noch einmal 4–5 Minuten.

5. Das Omelett kann heiß, lauwarm oder kalt serviert werden.

TIPP: Lässt du die Schalotten und Kartoffeln weg, hast du eine Masse, die sich ausgezeichnet für ein gewöhnliches Omelett oder für Quiches eignet.

Pan con tomate

EINFACH 20 Minuten

Mein Freund Anders. Mein lieber, lieber, lieber Freund Anders. Er ist der klügste Mensch, den ich kenne, bei jedem Quiz unschlagbar, super in seinem Job und auch sonst einfach ein guter Typ. Er hat eine große und schöne Wohnung mit … nennen wir es mal „viel White Space". Aber seine Küche … uff! Sie ist groß – groß und leer. Der Junge kocht einfach nie, zumindest nichts, wofür mehr als der Backofen, ein Küchenwecker und ein Pizzaroller nötig wäre. Er mag Essen, das schon, aber ich habe den leisen Verdacht, dass er nicht so richtig weiß, was auf dem Weg vom Bauern zu seinem Teller eigentlich damit passiert.

Als wir im Sommer zusammen im Urlaub in Barcelona waren, habe ich schon nach ein paar Minuten seine Liebe für Pan con tomate entdeckt – oder Pa amb tomàquet, wie es auf Katalanisch heißt, geröstetes Brot mit Tomate. Das hier ist eigentlich ein viel zu einfaches Rezept für ein Kochbuch, aber es muss einfach sein. Es ist schließlich für Anders.

4 PORTIONEN

1 Baguette (ca. 20 cm lang)
2 EL Olivenöl
2 Knoblauchzehen
4 Tomaten
Meersalz

1. Heiz den Backofen auf 200 Grad vor. Leg ein Backblech mit Backpapier aus.

2. Schneide das Baguette in Scheiben und verteil sie auf dem Backblech. Pinsel sie mit Olivenöl ein.

3. Gib die Scheiben in den Ofen, bis sie langsam goldbraun werden. Das dauert etwa 10 Minuten.
   Schäl den Knoblauch und halbier die Tomaten.

4. Nimm das Brot heraus. Reib es zuerst mit dem Knoblauch und dann mit der Innenseite einer Tomatenhälfte ein. Drück bei der Tomate etwas fester zu, damit sich das Fruchtfleisch ein bisschen auf dem Brot verteilt. Bestreu die Scheiben mit Meersalz und servier sie.

TIPP:
Am besten eignen sich hierfür schön reife Tomaten.

Samosas

MITTEL 75 Minuten

Zum ersten Mal habe ich Samosas zubereitet, als ich mit meinen Eltern ganz im Süden Frankreichs im Sommerurlaub war. Die Küche unserer Ferienwohnung war fürchterlich schlecht ausgestattet, und die Zutaten musste ich in einem Geschäft kaufen, in dem alle Produkte ausschließlich auf Französisch gekennzeichnet waren. Du kennst das sicher. Man schreibt „Grundkenntnisse Französisch" in seinen Lebenslauf, aber im Grunde bedeutet das nur, dass man in der Lage ist, im Restaurant einen Weißwein zu bestellen und den Taxifahrer zu bitten, anzuhalten. Und als wäre das nicht schon genug, war meine Mutter zu der Zeit gerade auf einer Low-Carb-Diät, und mein Vater steht Gewürzen grundsätzlich skeptisch gegenüber.
Mission: Impossible. Es dauerte nicht lange, bis ich einsah, dass ich auf verlorenem Posten stand. Ich entschied mich deshalb für eine Taktik, die allen Kindern gut vertraut sein dürfte: Ich log meine Eltern an. „Nein, nein, Weizenmehl, Kartoffeln oder Gewürze sind da nicht drin!"

Natürlich flog die Sache auf. Aber Samosas sind so gut, dass meine Eltern meine kräftig gewürzten Kohlenhydratbomben trotzdem bis zum letzten Krümel aufaßen.

4 PORTIONEN

200 g Weizenmehl

+ etwas für die Arbeitsfläche

100 g Weizenvollkornmehl

2 TL Salz

2 EL neutrales Öl

150 ml Wasser

1. Vermenge das Mehl mit dem Salz. Gib das Öl und das Wasser hinzu und verknete alles sorgfältig miteinander. Nimm dir dafür ein paar Minuten Zeit. Der Teig soll richtig geschmeidig werden.

2. Deck die Schüssel mit Frischhaltefolie ab und stell den Teig etwa 30 Minuten beiseite.

FÜLLUNG

600 g Kartoffeln

1–2 Knoblauchzehen

1 roter Chili

2 TL Fenchelsamen

6 TL Senfsamen

4 EL Sonnenblumenöl

4 TL Garam Masala

4 TL Kurkuma

Salz

200 ml Wasser

+ etwas zum Einpinseln

100 g Erbsen

1. Heiz den Backofen auf 190 Grad vor. Leg zwei Backbleche mit Backpapier aus.

2. Schäl die Kartoffeln und schneide sie in kleine Würfel. Koch sie in reichlich Wasser, bis sie gar sind. Gieß das Wasser ab.

3. Putz den Knoblauch und den Chili und hack beides fein. Bring eine Pfanne auf mittlere Hitze. Röste die Fenchel- und die Senfsamen darin ein paar Minuten. Gib anschließend das Öl, den Knoblauch, den Chili, das Garam Masala und die Kurkuma hinzu und brate alles noch ein paar Minuten an. Gib die Kartoffeln hinzu, vermenge sie vorsichtig mit der Gewürzmischung und reduzier die Hitze. Gib das Wasser und die Erbsen hinzu und lass alles ein paar Minuten köcheln.

4. Roll den Teig aus. Er soll am Ende möglichst nur einige Millimeter dick sein. Schneide Kreise mit einem Durchmesser von etwa 8 cm aus und teil sie anschließend in zwei Halbkreise.

5. Pinsel die Halbkreise am Rand mit Wasser ein. Schlag etwas mehr als ein Drittel eines Halbkreises von einer Seite in Richtung Mitte. Schlag dann die andere Seite ebenfalls in Richtung Mitte, sodass eine Art Tüte entsteht, und drück die Ränder im überlappenden Bereich zusammen. Gib einen Esslöffel der Füllung in die Tüte und drück die Ränder an der offenen Seite mit einer Gabel zusammen.

6. Verarbeite den restlichen Teig und die restliche Füllung auf die gleiche Weise.

7. Back die Samosas etwa 15 Minuten im Ofen.

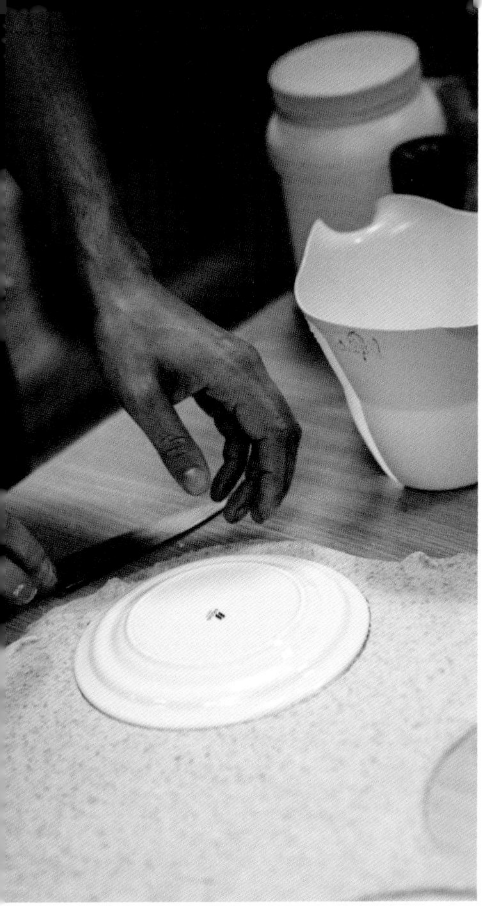
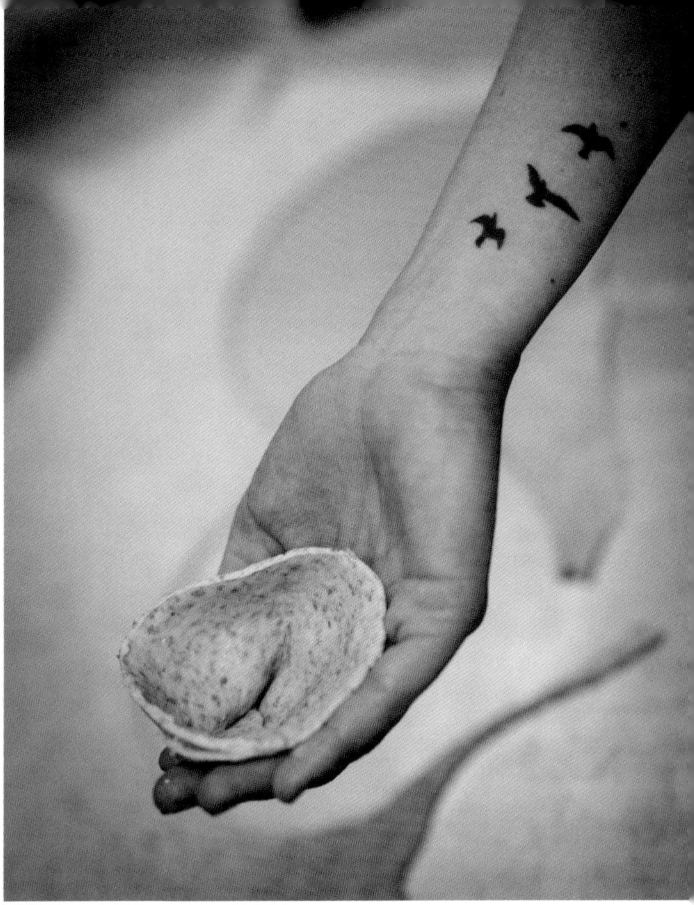
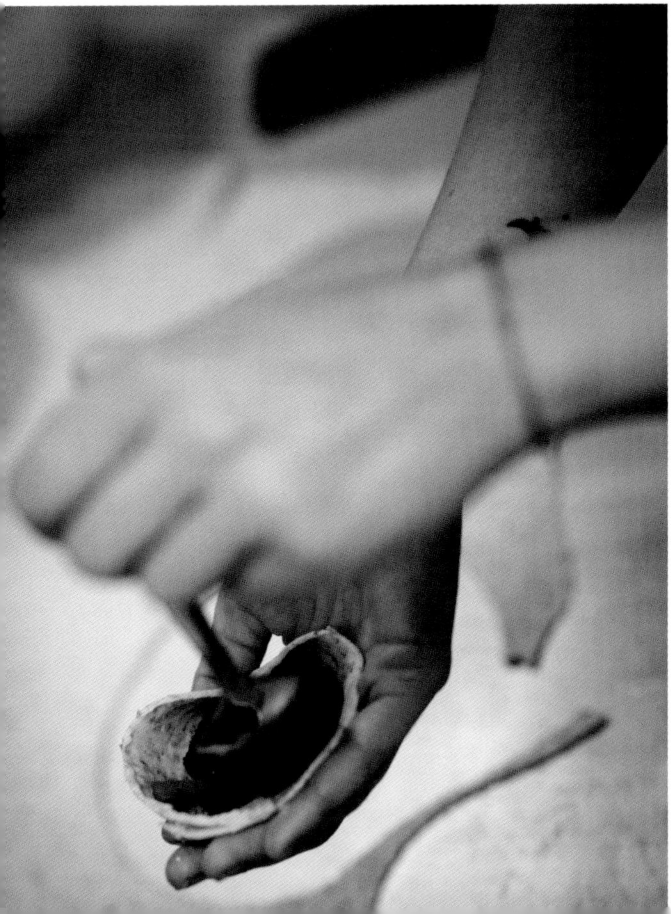
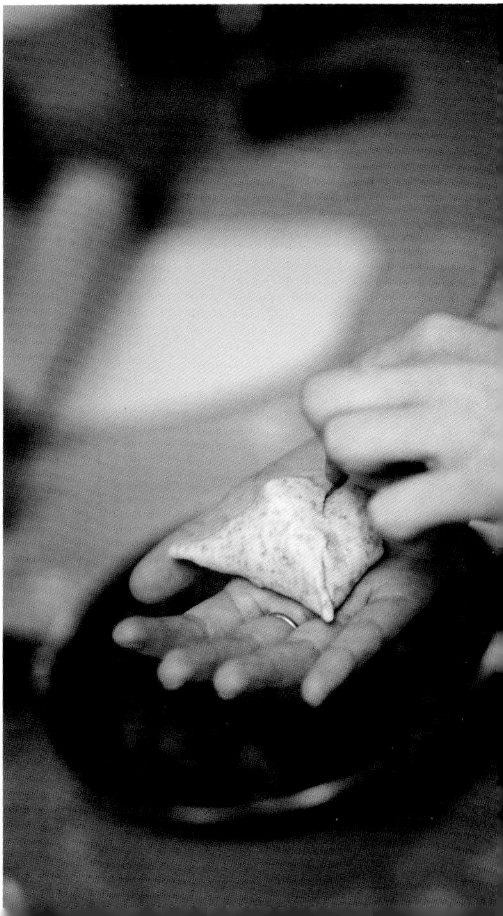

Cremige Blumenkohlsuppe mit Kokos-Bacon

MITTEL 25 Minuten

Ich vermisse meine Oma so unglaublich. Ich hatte das Glück, dass sie mich 30 Jahre begleitet hat, und mein ganzes Leben lang wohnte sie direkt neben meinen Eltern. An meiner Oma war einfach alles toll.

Einmal die Woche ging sie einkaufen. Zuerst ging es zum Gemüsehändler, dann in den Supermarkt und zum Schluss machte sie immer noch einen Abstecher zum örtlichen „Konsum", um ein Brötchen für meinen Opa zu kaufen. Meine deutlichste Erinnerung an meine Oma – und ich habe mich oft gefragt, warum ich mich gerade daran am besten erinnere – ist, wie sie am Ende des Einkaufs beim Gemüsehändler immer einen Kopf Blumenkohl nahm und dabei sagte: „... uuund einen Blumenkohl." Ich höre ihre Stimme heute noch in meinem Kopf, wenn ich einkaufen gehe.

Ich weiß nicht, ob aus Nostalgie oder weil an der Sache mit dem Blumenkohl wirklich etwas dran ist, aber inzwischen gehört er auch bei mir fest zur Wochenend-Einkaufsroutine. Das ist einer der Gründe, warum sich in diesem Buch so viele Rezepte mit Blumenkohl finden. Dieses hier ist vielleicht das beste.

2 PORTIONEN

1 Blumenkohl

2 Kartoffeln

600 ml Wasser mit Gemüsebrühepulver

50 ml Kochcreme aus Soja oder Hafer

Salz und Pfeffer

Kokos-Bacon

1. Putz den Blumenkohl und teil ihn in Röschen. Schäl die Kartoffeln und schneide sie in kleinere Stücke.

2. Koch die Gemüsebrühe auf und gib das Gemüse hinein. Lass es abgedeckt etwa 10 Minuten köcheln, bis alle Stücke weich sind.

3. Hol ein paar der kleinsten Blumenkohlröschen heraus und stell sie beiseite.

4. Pürier den Rest der Suppe mit einem Pürierstab oder in der Küchenmaschine glatt. Gib die Kochcreme hinzu und lass die Suppe noch ein paar Minuten köcheln. Schmeck sie mit Salz und Pfeffer ab.

5. Servier sie sofort. Garnier sie mit den kleinen Blumenkohlröschen, dem Kokos-Bacon und eventuell etwas Olivenöl.

TIPP: *Kaufe niemals – ich betone: NIEMALS – Blumenkohlsuppe in der Tüte.*

Fiesta

Ich hatte schon immer eine Schwäche für mexikanisches Essen. Als meine Mutter Anfang der 90er Jahre unser freitägliches Tacos-Essen einführte, war das für mich der Beginn einer völlig neuen Ära. Die Jahre vergingen, die Freitagstacos blieben, und als ich in die Oberstufe kam, besorgte ich mir einen Aushilfsjob in einem mexikanischen Restaurant. Mit unterschiedlicher Stundenzahl und wechselnden Arbeitsaufgaben blieb ich dort zehn Jahre. Auch wenn das Restaurant sicher nicht im Guide Michelin zu finden war, habe ich dort wahnsinnig viel über mexikanisches Essen gelernt: Zutaten, Aromen, Techniken, Rezepte und spanisches Vokabular.

Ich möchte hier gern eine Lanze für die authentische mexikanische Küche brechen und zeige dir deshalb auf den nächsten 22 Seiten, was in Mexiko so auf den Tisch kommt. Die Zubereitung dauert vielleicht etwas länger, als eine Tüte Gewürzmischung und eine Dose Mais aufzumachen, aber ich verspreche dir: Dafür wird es auch viel, viel besser!

Als kleiner Bonus hier noch ein paar der Kreationen, die ich von Gästen im Restaurant zu hören bekam, wenn sie eigentlich Guacamole meinten:

„Gutchamole."

„Guatamale."

„Gurkenmeile."

„Das grüne Zeug."

TIPP: *Die Rezepte in diesem Teil können auch für andere Dinge als Tacos verwendet werden. Als Beispiel haben wir auf diesem Bild Falafel (Seite 134) in einer Maistortilla mit Cheddar-Soße und Bohnenpaste.*

Taco-Gewürz

EINFACH 5 Minuten

*Eine Taco-Gewürzmischung kannst du in nur zwei Minuten selbst herstellen,
und in einem verschlossenen Glas hält sie sich praktisch ewig. Mit diesem
Gewürz im Schrank kannst du im Handumdrehen Tacos mit dem machen, was
du gerade dahast. Und ja, es schmeckt auch viel besser als das salzige und
häufig sehr süße Pulver, das es fertig zu kaufen gibt.*

EIN KLEINES GLAS

3 EL Chilipulver
2½ TL Chiliflocken
2½ TL getrockneter Oregano
2 TL Kreuzkümmel
2 EL Paprikapulver
1 EL Knoblauchpulver
1½–2 EL Salz
2 TL schwarzer Pfeffer (kann auch durch
1 TL Cayennepfeffer ersetzt werden)

1. Verrühr alles miteinander.

2. Bewahr die Gewürzmischung in einem
   verschließbaren Glas auf.

WUSSTEST DU SCHON?
*Das hier ist eines der
meistgelesenen und
am meisten geteilten
Rezepte in meinem Blog.*

Nusskäse

EINFACH 2 Stunden Einweichen, 15 Minuten Zubereitung

Eine herrliche Creme aus Cashewnüssen, die super zu Tacos, Nachos und Pizza passt. Die Hefeflocken sorgen für den Käsegeschmack. Wenn du keine dahast, kannst du sie aber ruhig auch weglassen.

EIN GROSSES GLAS

200 g ungeröstete, ungesalzene Cashewnüsse

Wasser zum Einweichen

75 ml Wasser

1 EL Zitronensaft

2 EL Hefeflocken

1–2 Knoblauchzehen

Salz und frisch gemahlener Pfeffer

1. Lass die Nüsse 2 Stunden einweichen. Gieß sie in ein Sieb ab.

2. Gib die Nüsse und die restlichen Zutaten in die Küchenmaschine. Verarbeite alles bei hoher Geschwindigkeit zu einer glatten, cremigen Masse. Du musst die Maschine zwischendurch wahrscheinlich ein paar Mal anhalten, um die Masse abzustreifen, die sich auf die Seitenwände legt (vor allem in den ersten Minuten). Verdünne sie eventuell mit ein paar zusätzlichen Esslöffeln Wasser. Der „Käse" wird im Kühlschrank noch etwas fester.

3. Gib ihn in ein luftdichtes Behältnis und stell ihn bis zum Servieren kalt. Nach einem Tag ist er noch besser.

Cheddar-Soße

MITTEL 2 Stunden Einweichen, 1 Stunde Zubereitung

Eine leckere Soße, die gut zu Enchiladas, Burritos und Pizza passt, aber auch einfach als Dip für Tortilla-Chips verwendet werden kann.

EIN GROSSES GLAS

75 g Cashewnüsse

Wasser zum Einweichen

500 ml Wasser

30 g Hefeflocken

2 EL Speisestärke

2 EL Weizenmehl

1 TL Zwiebelpulver

1 TL Knoblauchpulver

1 TL geräuchertes Paprikapulver

1 TL Chilipulver

1 TL Salz

2 EL vegane Margarine

1. Lass die Nüsse 2 Stunden einweichen.

2. Gib sie anschließend zusammen mit dem Wasser, den Hefeflocken, der Speisestärke, dem Weizenmehl, dem Zwiebelpulver, dem Knob-lauchpulver, dem geräucherten Paprikapulver und dem Chilipulver in die Küchenmaschine oder einen Mixer. Verarbeite alles zu einer glatten Masse. Das dauert ein paar Minuten.

3. Gib die Masse in einen Topf und koch sie langsam unter Rühren auf. Lass sie noch einige Minuten unter Rühren köcheln, bis sie eindickt. Schmeck sie mit Salz ab und rühr die Margarine unter. Wenn du die Soße lieber etwas dünner magst, kannst du noch etwas Wasser unterrühren.

4. Nun ist die Soße bereit zum Servieren. Warm eignet sie sich zum Bei-spiel gut, um sie auf Nachos oder Pizza zu geben und anschließend im Ofen zu backen. Sie kann auch als Dip zu Nacho-Chips serviert oder mit Pastagerichten kombiniert werden.

5. In einem luftdichten Glas hält sich die Soße mehrere Tage im Kühl-schrank. Dann dickt sie noch etwas ein.

1

2

3

4

Taco-Beilagen

1. CASHEWNÜSSE MIT ANCHO UND AGAVE

   Als Ancho wird der getrocknete Poblano-Chili bezeichnet, eine beliebte milde mexikanische Chilischote. Agavensirup stammt aus der Agavenpflanze, die ebenfalls in dem mittelamerikanischen Land wächst. Wenn wir diese beiden Zutaten miteinander kombinieren, erhalten wir einen authentischen mexikanischen Geschmack. Hier verwenden wir Ancho und Agave, um Cashewnüsse zu verfeinern, die dadurch knusprig, scharf und süß werden. So eignen sie sich perfekt als Topping für Tacos und Burritos.

2. ANANAS-SALSA

   Salsa ist bei Tacos ein Muss, und sie lässt sich auch aus anderen Zutaten als Tomate herstellen!

3. PICO DE GALLO

   Das ist der schön frische Tomatensalat, der immer in mexikanischen Restaurants serviert wird.

4. BOHNENPASTE

   Eine sehr einfach zubereitete Bohnenpaste, die super zu mexikanischen Gerichten passt. Wenn du es eilig hast, kannst du hierfür auch Bohnen aus der Dose verwenden.

CASHEWNÜSSE MIT ANCHO UND AGAVE
EINFACH 25 Minuten

2 PORTIONEN

2 EL Öl

1 EL Agavensirup (oder etwas anderes zum Süßen)

1 TL Anchopulver (oder normales Chilipulver)

1 TL Salz

100 g Cashewnüsse

1. Heiz den Backofen auf 200 Grad vor. Leg ein Backblech mit Backpapier aus. Verrühr alle Zutaten in einer Schüssel miteinander.

2. Verteil die Nüsse auf dem Backblech. Gib sie für 10 Minuten in den Ofen, wende sie und gib sie dann noch einmal für 5 Minuten in den Ofen.

3. Du kannst sie heiß, lauwarm oder kalt servieren.

ANANAS-SALSA
EINFACH 20 Minuten

2 PORTIONEN

¼ Ananas

Öl zum Braten

1 Schalotte

1 Tomate

3–4 Stängel Koriander

Saft von ½ Limette

1. Putz die Ananas und schneide sie in etwa 1 cm dicke Scheiben. Erhitz das Öl in einer Pfanne und brate die Ananasscheiben bei hoher Hitze auf jeder Seite 2 Minuten an. Leg die Scheiben anschließend auf ein sauberes Geschirrhandtuch, damit das Öl etwas abtropfen kann.

2. Putz die Schalotte und die Tomate und schneide beides in kleine Stücke. Hack den Koriander fein. Schneide die Ananas in etwa 0,5 cm große Würfel. Vermeng alles miteinander und gib den Saft der Limette darüber.

3. Wenn du eher die Konsistenz einer Soße bevorzugst, kannst du die Salsa vor dem Servieren noch eine Minute mit dem Pürierstab pürieren.

PICO DE GALLO
EINFACH 10 Minuten

2 PORTIONEN

3 reife Eiertomaten
1 Schalotte
1 Knoblauchzehe
4 Stängel Koriander
1 Jalapeño
Saft von ½ Limette
etwas Salz

1. Schneide die Tomaten in kleine Würfel. Hack die Schalotte, den Knoblauch, den Koriander und die Jalapeño fein.

2. Vermeng alles in einer Schüssel miteinander und gib den Saft der Limette darüber. Schmeck den Salat mit Salz ab.

BOHNENPASTE

EINFACH 2–3 Stunden Einweichen, dann 1,5 Stunden

2 PORTIONEN

170 g getrocknete schwarze Bohnen
1 EL Gemüsebrühepulver
1 TL Kreuzkümmel
½ TL Cayennepfeffer
einige Stängel Koriander
Saft von 1 Limette
etwas Salz

1. Lass die Bohnen 2–3 Stunden einweichen. Koch sie danach 1 Stunde in Gemüsebrühe. Gieß die Bohnen in ein Sieb ab und heb etwas Kochwasser auf. Wenn du Bohnen aus der Dose verwendest, entfällt das Einweichen und Kochen. Verwende dann am Ende des Rezepts statt des Kochwassers die Bohnenlake oder Leitungswasser.

2. Gib die gekochten Bohnen zusammen mit dem Kreuzkümmel, dem Cayennepfeffer, dem Koriander, dem Saft der Limette und etwas Salz in die Küchenmaschine. Gib 3–4 Esslöffel des Kochwassers hinzu und pürier alles glatt. Es macht nichts, wenn am Ende noch ein paar grobe Bohnenstückchen übrig bleiben. Die Konsistenz richtet sich ganz nach deinem Geschmack.

Mais-Tortillas

MITTEL 30 Minuten

Mais-Tortillas nach mexikanischer Art sind überraschend einfach zuzubereiten. Das Schwierigste daran ist, das Mehl Masa Harina zu bekommen. Masa ist das spanische Wort für Teig und Harina heißt Mehl. Wörtlich übersetzt bedeutet Masa Harina also Teigmehl. Masa wird aus getrockneten Maiskörnern hergestellt, die in Kalkwasser gekocht werden. Der Teig wird zum Beispiel für Mais-Tortillas verwendet, er kann aber auch getrocknet und zu Mehl vermahlen werden. Masa Harina ist in internationalen Lebensmittelgeschäften, im Internet und in manchen gut sortierten Supermärkten und Reformhäusern erhältlich.

8 TORTILLAS

550 ml Wasser

375 g Masa Harina

1 TL Salz

1. Bring das Wasser zum Kochen.

2. Vermeng in einer Schüssel das Masa Harina mit dem Salz. Verwende am besten eine Küchenmaschine mit Knethaken, wenn du eine hast.

3. Gib nach und nach Wasser hinzu, während du knetest. Der Teig soll fest, aber nicht trocken werden. Vielleicht musst du dich langsam an die richtige Wassermenge herantasten. Du kannst die Konsistenz des Teigs auch noch anpassen, nachdem du mit dem Backen begonnen hast.

4. Deck die Schüssel mit Frischhaltefolie ab und lass den Teig 30 Minuten ruhen.

5. Leg zwei Blätter Backpapier und ein Nudelholz bereit.

6. Bring eine Pfanne ohne Öl auf mittlere/hohe Hitze.

7. Teil den Teig in acht gleich große Teile. Forme aus jedem der Teile ein Bällchen.

8. Leg ein Bällchen zwischen die zwei Blätter Backpapier und roll es möglichst dünn und rund aus.

9. Back den Teig auf jeder Seite etwa 1 Minute. Back den übrigen Teig auf die gleiche Weise.

10. Leg die gebackenen Mais-Tortillas auf einen mit einem Handtuch ausgelegten Teller, damit sie weich werden.

11. Servier die Tortillas warm oder verwende sie zur Zubereitung anderer Gerichte.

TIPP: *Wenn es dir gelingt, richtig dünne Tortillas herzustellen, kannst du sie später in Dreiecke schneiden und frittieren. So erhältst du Tortilla-Chips.*

Nacho-Dip mit sieben Schichten

MITTEL 1 Stunde

Das ist ein typischer Dip, der auf dem Tisch steht, wenn sich Freunde und Familie zu einem großen Sportereignis im Fernsehen treffen. Hier ist wirklich für jeden etwas dabei. Und zusammen wird es ein wahres Fest!

4 PORTIONEN

2 Avocados

½–1 TL Meersalz

50 g Grünkohl

1 rote Paprika

3 Tomaten

60 g schwarze Oliven

1 Portion Bohnenpaste (Seite 205)

300 ml Cheddar-Soße (Seite 201)

1. Heiz den Backofen auf 180 Grad vor. Suche eine Ofenform heraus, am besten eine quadratische mit einer Länge von ca. 20 cm.

2. Entferne das Fruchtfleisch der Avocados und zerdrück es mit einer Gabel zu Mus. Schmeck es mit etwas Meersalz ab.

3. Schneide den Grünkohl in Streifen und die Paprika und Tomaten in Würfel. Schneide die Oliven in Ringe.

4. Verteil die Bohnenpaste auf dem Boden der Form. Gib anschließend den Grünkohl, dann die Avocado-Masse und dann die Cheddar-Soße darüber. Zum Schluss kommen die Tomatenstücke, die Paprika und die Oliven darauf.

5. Back den Dip 20 Minuten im Ofen. Servier ihn mit Tortilla-Chips.

TIPP: *Dieser Dip MUSS nicht mit Tortilla-Chips serviert werden. Normale Kartoffelchips oder in Stifte geschnittene rohe Möhren, Gurke oder anderes Gemüse eignen sich ebenso gut.*

Pulled Jackfruit Taco

MITTEL 45 Minuten

Ein paar Fun Facts über mich:

1. *Ich habe aufgehört, Fleisch zu essen, bevor Pulled Pork hip wurde. Ich habe es also nie probiert.*

2. *Ich mache sehr oft den Mund auf, ohne vorher nachzudenken. Auch in den landesweiten Medien.*

Einmal bereitete ich diese vegane Taco-Variante mit Jackfrucht anstelle von Schweinefleisch zu und erzählte dem Journalisten des norwegischen Rundfunks NRK, der vor Ort war, dass sie genau wie Pulled Pork schmeckt. Zum Glück waren andere Leute dabei, die meine kühne Behauptung bestätigen konnten. So wurde aus der Sache keine nationale Betrugsaffäre und die gute Stimmung war gerettet.

Die Jackfrucht ist ein kurioses Gewächs. In der Dose gibt es sie in internationalen Lebensmittelgeschäften zu kaufen. Achte darauf, dass du zum Kochen die in Salzlake und nicht die in Sirup eingelegte Variante verwendest. Das Fruchtfleisch nimmt gut andere Geschmacksnoten an, und nachdem du es etwas gekocht hast, ist es so weich, dass du es mit zwei Gabeln auseinanderreißen kannst.

Einige wenige Geschäfte bieten die Frucht auch frisch an. Wenn du eine ganze Jackfrucht bekommst, halbierst du sie und löst das Fruchtfleisch heraus.

2 PORTIONEN

1 Dose Jackfrucht in Salzlake (nicht in Sirup)

1 EL Chilipulver (oder Chilisoße)

1 TL Kreuzkümmel

1 TL Salz

1 TL Knoblauchpulver

1 TL Zwiebelpulver

1 Schalotte

1–2 Knoblauchzehen

Öl zum Braten

150 ml Barbecue-Soße

(am besten mit niedrigem Zuckergehalt)

100 ml Wasser

SERVIERVORSCHLAG

Tortillas (Seite 206)

Cheddar-Soße (Seite 201)

Nusskäse (Seite 200)

Pico de gallo (Seite 205)

Cashewnüsse mit Ancho und Agave (Seite 204)

1. Gieß die Jackfrucht ab und spül die Stücke sorgfältig mit Wasser ab. Schneide das harte Dreieck innen heraus. Das stammt vom Stiel und kann weg.

2. Verrühr in einer Schüssel das Chilipulver, den Kreuzkümmel, das Salz, das Knoblauchpulver und das Zwiebelpulver miteinander. Gib die Jackfrucht hinein und vermeng alles sorgfältig, sodass die Frucht rundherum mit den Gewürzen bedeckt ist.

3. Hack die Schalotte und den Knoblauch fein. Bring das Öl in einem Topf auf mittlere Hitze. Brate die Schalotte und den Knoblauch ein paar Minuten darin an, bis die Schalotte glasig wird. Gib die Jackfrucht hinzu. Achte darauf, auch die gesamte Gewürzmischung mit in den Topf zu geben.
Brate alles an, bis der Geruch aller Gewürze deutlich hervortritt. Das dauert ein paar Minuten.

4. Gib die Barbecue-Soße und das Wasser hinzu. Bring alles zum Kochen. Deck den Topf ab, reduzier die Hitze und lass die Jackfrucht 20–25 Minuten köcheln, bis sie langsam weich wird.

5. Erhitze etwas Öl in einer Pfanne. Nimm die Jackfrucht aus der Soße. Streife sie eventuell ab, wenn sehr viel Soße daran haftet. Brate die Jackfrucht im Öl und zieh das Fruchtfleisch mit zwei Gabeln auseinander.

6. Du kannst die Jackfrucht mit gewöhnlichen Taco-Beilagen oder mit einem oder mehreren der Rezepte auf den vorangegangenen Seiten servieren.

TIPP: *Da die Jackfrucht von Natur aus recht süß schmeckt, solltest du den Zuckergehalt der übrigen Zutaten so weit wie möglich reduzieren. Für dieses Rezept hier empfehle ich eine Barbecue-Soße mit wenig Zuckerzusatz.*

Taquitos

MITTEL 2 Stunden Einweichen, dann 1 Stunde

Sage und schreibe 17 Freunde von mir waren dabei, als wir die Gerichte für dieses Buch zubereiteten und die Fotos aufnahmen. 17!
Eine davon war Miriam, eine sehr liebe und zuverlässige Person, die ich auf der Arbeit kennengelernt habe. Miriam ist die Art Mensch, dem du eine Aufgabe anvertraust, wenn du sicher sein willst, dass sie ordentlich erledigt wird – komme, was wolle. Wenn sie sich unsicher ist, fragt sie nach. Wenn sie sich ein bisschen unsicher ist, fragt sie auch nach. Wenn sie sich eigentlich sicher ist, es aber eventuell Raum für Missverständnisse geben könnte – ja, dann fragt sie ebenfalls nach.

Miriam hatte die Aufgabe, die Taquitos zuzubereiten. Ich hatte mir ein paar relativ kleine, gefüllte Tortilla-Röllchen vorgestellt, eingepinselt mit so viel Öl, dass sie im Ofen völlig gleichmäßig backen – fast wie in der Fritteuse.

Was ich bekam, waren große Rollen, die am Rand schon ziemlich dunkel waren, und die Füllung war auch nicht ganz so wie im Rezept. Aber das war gar nicht so schlecht, denn sie schmeckten besser als erwartet und waren ausgesprochen fotogen. Das Bild war am Ende sogar eines der schicksten Bilder überhaupt. So schick, dass nach der Aufnahme erstmal eine Runde High Fives fällig war.

Miriam konnten wir davon aber natürlich nicht mehr überzeugen, denn sie war zu diesem Zeitpunkt schon längst am Boden zerstört und dachte, sie hätte alles ruiniert. Aber Mirjs, jetzt kannst du dich stolz zurücklehnen, denn du hast das krasseste Bild des gesamten Buchs fabriziert!

TAQUITOS

170 g getrocknete schwarze Bohnen

160 g Naturreis

½ rote Zwiebel

1 Dose Mais

1 EL Öl zum Braten + etwas zum Einpinseln

1 TL Kreuzkümmel

1 TL Knoblauchpulver

1 TL Paprikapulver

1 TL Zwiebelpulver

8 Mais-Tortillas

1. Weich die Bohnen ein paar Stunden ein, bevor du mit der Zubereitung beginnst. Koch sie dann in reichlich Wasser, bis sie weich sind. Koch den Reis gemäß Packungsanweisung.

2. Heiz den Backofen auf 200 Grad vor. Leg ein Backblech mit Backpapier aus.

3. Hack die rote Zwiebel fein und gieß den Dosenmais ab.

4. Erhitze das Öl in einer kleinen Pfanne. Brate die rote Zwiebel, den Kreuzkümmel, das Knoblauchpulver, das Paprikapulver und das Zwiebelpulver ein paar Minuten an.

5. Verrühr in einer Schüssel die Bohnen, den gekochten Reis und die Zwiebelmasse miteinander.
   Verarbeite alles kurz mit dem Pürierstab zu einer sehr groben Paste. Es können am Ende ruhig noch intakte Bohnen und Reiskörner vorhanden sein. Rühr den Mais unter.

6. Wärm die Tortillas kurz in der Mikrowelle oder im Ofen auf, damit sie weich werden. Gib die Füllung jeweils in einem Streifen quer auf die Tortillas und roll sie zusammen. Verteil sie auf dem Backblech und pinsele sie mit etwas Öl ein. Gib sie für 25–30 Minuten in den Ofen.

7. Dazu passt Tomaten-Salsa und Guacamole (siehe nachfolgende Rezepte).

TOMATEN-SALSA

1 Schalotte
1–2 Knoblauchzehen
1 grüner Chili
1 EL Öl zum Braten
1 TL Oregano
½ TL Chilipulver
1 TL Kreuzkümmel
½ TL Basilikum
1 EL Essig, am besten Rotweinessig
2 Dosen stückige Tomaten
etwas Salz

1. Hack die Schalotten, den Knoblauch und den Chili fein. Bring das Öl in einem kleinen Topf auf mittlere Hitze. Gib die Schalotte, den Knoblauch, den Chili, den Oregano, das Chilipulver, den Kreuzkümmel und das Basilikum hinein. Brate alles 3–4 Minuten an, bis die Schalotte glasig ist.

2. Gib den Essig und die Tomaten hinzu und bring alles zum Kochen. Lass die Salsa anschließend 20–30 Minuten ohne Deckel köcheln, bis sie etwas eingedickt ist. Schmeck sie eventuell noch mit etwas Salz ab.

GUACAMOLE

2 reife Avocados
3 Knoblauchzehen
1 Tomate
Salz und Pfeffer

1. Halbier die Avocados. Entferne den Stein. Kratz das Fruchtfleisch mit einem Esslöffel heraus und gib es in eine Schüssel. Verarbeite es mit einer Gabel oder einem Pürierstab zu Mus.

2. Putz den Knoblauch und pürier ihn zusammen mit den Tomaten in der Küchenmaschine oder mit dem Pürierstab. Gib die Tomaten zur Avocadomasse.

3. Schmeck sie mit Salz und Pfeffer ab.

TIPP: *Du kannst selbstgemachte Mais-Tortillas verwenden oder sie fertig im Laden kaufen. Mit Weizen-Tortillas schmeckt das Gericht ebenfalls gut.*

Gebackene Süßkartoffel

EINFACH 1 Stunde

Gebackene Süßkartoffel ist eines der besten Gerichte, die ich kenne. Sie braucht etwa eine Stunde im Ofen, aber die Geduld wird hier definitiv belohnt.

2 PORTIONEN

4 mittelgroße Süßkartoffeln
Mais
Tomaten-Salsa
Bohnenpaste

1. Heiz den Backofen auf 200 Grad vor. Such eine Ofenform heraus.

2. Wasch/bürste die Kartoffeln, stich sie mit einer Gabel etwas ein und gib sie in die Form. Back sie, bis sie weich sind. Das dauert je nach Größe etwa 1 Stunde. Süßkartoffeln garen im Ofen normalerweise schneller als normale Kartoffeln. Prüfe mit einem spitzen Messer, ob sie weich sind.

3. Bereite die Beilagen vor, während die Kartoffeln im Ofen sind. Gieß den Mais ab und stell die Tomaten-Salsa (Rezept auf Seite 219) und die Bohnenpaste (Rezept auf Seite 205) her. Schneide die Kartoffeln einmal längs ein, wenn sie fertig gebacken sind. Füll sie großzügig mit der Füllung und servier sie sofort.

WUSSTEST DU SCHON?
Eine mittelgroße gebackene Süßkartoffel deckt den täglichen Bedarf an Vitamin A mehr als viermal. Sie enthält auch ein Drittel der empfohlenen Tageszufuhr an Vitamin C und außerdem Kalzium, Kalium und Eisen. Und das alles bei gerade einmal rund 100 Kalorien!

Taco-Pizza

MITTEL 1,5 Stunden

TEIG (2 PORTIONEN)

25 g frische Hefe
(alternativ 1 EL Trockenhefe)
1 EL Olivenöl
150 ml Wasser
250 g italienisches Weizenmehl,
Type 00
(oder gewöhnliches Weizenmehl)
1 TL Salz

1. Krümele die Hefe in eine Schüssel und gib das Olivenöl hinein. Gib das Wasser hinzu und lass alles ein paar
   Minuten stehen.

2. Verrühr das Mehl mit dem Salz und gib die Hefemischung hinzu. Verknete alles zu einem geschmei-
   digen Teig. Lass ihn 45–60 Minuten gehen. Bereite
   den Belag vor, während der Teig geht.

BELAG

50 g Mandeln
4 braune oder weiße Champignons
2 EL Öl zum Braten
1 TL geräuchertes Paprikapulver
1 TL Kreuzkümmel
1 TL Chilipulver
2 EL Sojasoße
2 EL Tomaten-Salsa (kann ruhig
gekaufte sein, evtl. Rezept auf
Seite 219)
300 ml Cheddar-Soße (Seite 201)
1 Dose Mais
einige Tortilla-Chips
Blattsalat

1. Heiz den Backofen auf 250 Grad vor. Leg ein Backblech
   mit Backpapier aus.

2. Hack die Mandeln grob und schneide die Pilze in
   Würfel. Bring etwas Öl in einer Pfanne auf mittlere/
   hohe Hitze. Gib die Mandeln, die Pilze, das geräucherte Paprikapulver, den Kreuzkümmel und das Chilipulver
   hinein. Brate alles an, bis die Pilze langsam goldbraun
   werden. Gib ganz zum Schluss die Sojasoße hinzu.

3. Roll den Pizzaboden auf die gewünschte Dicke aus.
   Bestreiche den Boden mit Tomaten-Salsa. Gib anschließend die Pilzmasse darauf und gieß die Cheddar-Soße
   darüber.

4. Bestreu die Pizza vor dem Backen mit dem Mais,
   wenn er mitgebacken soll. Wenn nicht, wartest du
   damit bis nach dem Backen.

5. Back die Pizza etwa 10 Minuten, bis die Cheddar-Soße
   goldbraun ist.

6. Bestreu die Pizza vor dem Servieren mit Blattsalat,
   Tortilla-Chips und eventuell dem Mais.

Frühlingsrollen

MITTEL 45 Minuten

Frühlingsrollen lassen sich überraschend leicht selbst machen und schmecken richtig gut. Diese hier backen wir im Ofen, statt sie in viel Öl zu frittieren. So sind sie gesünder, werden aber trotzdem schön knusprig.

12 FRÜHLINGSROLLEN

¼ Weißkohl

2 Möhren

4–5 braune Champignons

1 Schalotte

1–2 Knoblauchzehen

einige Stängel Koriander

60 g Erdnüsse

2 EL Öl zum Braten

+ etwas zum Einpinseln

2 EL Chilisoße (weniger,

falls du es nicht so scharf magst)

2 EL Sojasoße

12 Blätter Filoteig

(ca. 20 × 20 cm)

Wasser zum Einpinseln

1. Heiz den Backofen auf 200 Grad vor. Leg ein Backblech mit Backpapier aus.

2. Schneide den Weißkohl in Streifen und die Möhren in dünne Stifte. Schneide die Pilze in kleine Würfel.

3. Reib die Schalotte und den Knoblauch. Hack den Koriander grob.

4. Hack die Erdnüsse grob.

5. Bring das Öl in einer Pfanne auf mittlere/hohe Hitze. Gib den Kohl, die Möhren und die Pilze hinein und brate alles ein paar Minuten an. Gib die Schalotte, den Knoblauch und die Erdnüsse hinzu und brate alles weiter, bis es langsam goldbraun wird.

6. Gib Chilisoße und Sojasoße hinzu. Bei der Menge richtest du dich am besten nach deinem persönlichen Geschmack. Rühr den Koriander unter und nimm die Pfanne vom Herd.

7. Pinsele den Rand des Filoteigs mit Wasser ein und gib die Füllung darauf. Bei den großen Filoteigblättern sind 3 Esslöffel meist eine gute Menge. Nimm weniger Füllung, falls du die kleinen Blätter verwendest. Probier am besten selbst aus, wie viel du brauchst.

8. Roll die Teigblätter zusammen und schlag die Seiten nach innen, wenn du etwa bei der Hälfte angelangt bist.

9. Verteil die Frühlingsrollen auf dem Backblech und pinsele sie mit etwas Öl ein.

10. Back die Frühlingsrollen etwa 10 Minuten im Ofen, bis sie eine schöne goldene Farbe haben. Nimm das Backblech heraus, wende die Frühlingsrollen und back sie noch einmal ungefähr 5 Minuten. Servier die Frühlingsrollen warm, zum Beispiel mit etwas süßer Chilisoße und/oder Sojasoße.

Lasagne

MITTEL 1,5 Stunden – 4 Portionen

Das ist definitiv eines der meistgelesenen Rezepte in meinem Blog und wahrscheinlich auch das mit den meisten positiven Kommentaren. Viele schreiben, dass sie Lasagne ab jetzt nur noch nach diesem Rezept zubereiten werden. Andere geben begeisterte Rückmeldungen weiter, die sie von ihren Gästen bekommen haben. Das Ziel bei diesem Rezept war es, eine möglichst originalgetreue Kopie der klassischen Lasagne mit italienischem Fleischragout herzustellen – und ganz ehrlich, näher werde ich dem Original nicht mehr kommen.

„HACKFLEISCHSOSSE"

500 ml Gemüsefond oder
Wasser mit Gemüsebrühepulver
1 EL Sojasoße
1 EL Ahornsirup
40 g Soja-Schnetzel
1 Zwiebel
1 Möhre
100 g Knollensellerie
2 EL Olivenöl
1 Dose gehackte Tomaten
(ca. 400 ml)
2–3 Stängel Oregano
Salz und Pfeffer

1. Bring in einem Topf 300 ml Gemüsefond (oder Gemüsebrühe aus Pulver) zum Kochen. Wenn er kocht, gibst du die Sojasoße, den Sirup und die Soja-Schnetzel hinein. Stell den Topf abgedeckt beiseite. Lass die Soja-Schnetzel 10 Minuten quellen. Gieß danach eventuell verbliebene Flüssigkeit ab.

2. Hack die Zwiebel, die Möhre und den Sellerie.

3. Erhitze das Öl in einer Pfanne. Gib das Gemüse hinein und brate es eine Minute an. Gib die Soja-Schnetzel hinzu und verrühr alles miteinander. Brate die Masse unter regelmäßigem Rühren, bis sie eine goldbraune Farbe bekommt.

4. Gib sie in einen Topf. Gib die stückigen Tomaten und den Rest des Gemüsefonds hinzu. Hack den Oregano fein und gib fast alles davon in den Topf.
Lass die Soße abgedeckt etwa 1 Stunde köcheln. Gib eventuell noch etwas Wasser hinzu, falls sie allzu trocken wird. Schmeck sie mit Salz und Pfeffer ab.

BÉCHAMELSOSSE

4 EL vegane Margarine
4 EL Weizenmehl
700 ml Pflanzenmilch
ohne Geschmackszusatz
1 EL Gemüsebrühepulver
1 TL Salz
etwas geriebene Muskatnuss
etwas geräuchertes Paprikapulver
(kann weggelassen werden)
5 EL Hefeflocken
(können weggelassen werden)

1. Schmilz die Margarine in einem Topf. Rühr das Mehl ein. Lass den Topf auf mittlerer Hitze und gib nach und nach unter Rühren die Pflanzenmilch hinzu. Am Ende soll eine schön dickflüssige Soße entstanden sein.

2. Gib das Gemüsebrühepulver in die Soße und schmeck sie mit Salz, Muskatnuss und eventuell geräuchertem Paprikapulver und Hefeflocken ab.

ZUBEREITUNG DER LASAGNE
16 Lasagneplatten

1. Heiz den Backofen auf 225 Grad vor. Gib etwas „Hackfleischsoße" auf den Boden einer Auflaufform.

2. Bedecke sie mit Lasagneplatten. Gib darauf eine Schicht Béchamelsoße und darauf eine weitere Schicht Hackfleischsoße. Bedecke sie wieder mit Lasagne- platten. Schichte die Lasagne auf diese Weise weiter, bis keine Soße mehr übrig ist. Auf die oberste Schicht Lasagneplatten kommt nur eine Schicht Béchamel- soße. Bestreu die Lasagne am Ende mit dem restlichen Oregano.

3. Deck die Form mit Alufolie ab und gib sie für 15 Minuten in den Ofen. Entferne dann die Folie und back die Lasagne weitere 20–25 Minuten. Sie sollte oben eine schöne goldbraune Farbe haben.

4. Schneide sie zum Servieren in Stücke. Sehr gut passt dazu Salat und etwas Pesto.

TIPP: *Das ist genau das richtige Gericht, wenn du jemanden beeindrucken willst, der veganem Essen skeptisch gegenübersteht. Es ist der Variante mit Fleisch, Milch und Käse verblüffend ähnlich.*

Blumenkohl in Orangensoße

MITTEL 45 Minuten

Wenn mich jemand fragt, was mein Lieblingsrestaurant in London ist, antworte ich je nach Tagesform Manna oder Mildreds – beides ganz fantastische Lokale mit modernem vegetarischem und veganem Essen. Das Manna ist ein wunderbares Restaurant für besondere Anlässe, und einen Abstecher auf den schönen Primrose Hill gibt es bei einem Besuch automatisch dazu. Das Mildreds ist ein sehr belebtes Soho-Restaurant, in dem die Grenzen der eigenen Intimsphäre auf die Probe gestellt werden, was aber mit ausgezeichnetem Essen belohnt wird.

Mein eigentlicher Favorit ist allerdings ein drittes Restaurant. Man könnte es wohl als „guilty pleasure" bezeichnen. Es liegt ganz im Norden der Stadt in Archway. Du findest es, wenn du vom Emirates Stadium bis ganz ans Ende der Holloway Road gehst – im „dodgy end". Dort liegt eine Filiale der internationalen Restaurantkette Loving Hut. Das Konzept ist genau das, was wir von einem Chinesen erwarten. Es gibt weiße Tische aus Hartplastik, Kunstblumen auf den Tischen und eine Bedienung, die nach norwegischen Standards jeweils doch ein bisschen sehr jung ist. Die Speisekarte bietet alles, was das Herz in Sachen chinesisches Essen begehrt: seitenweise Gerichte mit Schwein, Huhn, Ente, Hund, Rind und Fisch – nur, dass alles vegan ist!

Als ich das erste Mal da war, fragte ich sicherheitshalber noch einmal bei der Bedienung nach, ob das Essen auch wirklich vegan war. Das war es. Und es war krass lecker!

Das hier ist mein Versuch, das dortige Huhn in Zitronensoße zu kopieren. Der Unterschied ist, dass ich Blumenkohl statt Fleischersatz und Orange statt Zitrone verwende. Ich erzählte unserem Fotografen nicht, was ich vorhatte (er kennt Loving Hut auch), aber er hat den Bezug zum Original schon beim ersten Bissen herausgeschmeckt. Das ist London-Qualität, ganz einfach! Greasy und dodgy, wie es sich gehört.

2 PORTIONEN

1 Blumenkohl

250 ml ungesüßte Pflanzenmilch

120 g Weizenmehl

1 TL Knoblauchpulver

Salz und Pfeffer

1 cm Ingwer

Saft von 2 Orangen

100 ml Wasser mit Gemüsebrühepulver

45 g Zucker

2 EL heller Essig

2 EL Sojasoße

1 EL Speisestärke

2 EL kaltes Wasser

1 Frühlingszwiebel

Sesamsamen

1. Heiz den Backofen auf 220 Grad vor. Leg ein Backblech mit Backpapier aus.

2. Schneide den Blumenkohl in Röschen. Verrühr in einer Schüssel die Pflanzenmilch mit dem Weizenmehl, dem Knoblauchpulver sowie etwas Salz und Pfeffer. Wälze die Blumenkohlröschen darin, sodass sie überall gut mit der Masse bedeckt sind. Verteil die Röschen auf dem Backblech. Achte darauf, dass sie nicht direkt aneinanderliegen. Gib sie für 15 Minuten in den Ofen, wende sie und gib sie dann noch einmal für etwa 10 Minuten in den Ofen. Sie sollten am Ende leicht goldbraun sein. Bereite die Soße vor, während der Blumenkohl im Ofen ist.

3. Reib den Ingwer oder hack ihn fein. Press beide Orangen aus. Gib den Ingwer, den Orangensaft, die Gemüsebrühe, den Zucker, den Essig und die Sojasoße in einen kleinen Topf und bring alles zum Kochen. Verschlag die Speisestärke mit dem kalten Wasser und gib die Masse in die Soße, damit sie eindickt. Rühr gelegentlich um und lass die Soße bei niedriger Hitze auf dem Herd, bis der Blumenkohl fertig ist.

4. Schneide die Frühlingszwiebel in Ringe. Vermenge den Blumenkohl mit der Soße und garnier ihn mit der Frühlingszwiebel und mit Sesamsamen.

TIPP: *Du kannst die Orange gern durch eine Zitrone ersetzen. Schmeck die Soße dann eventuell noch mit etwas mehr Zucker ab.*

Crème brûlée

MITTEL 15 Minuten Zubereitung + 1 Stunde Auskühlen

4 PORTIONEN

500 ml Sojamilch, gern mit Vanillegeschmack

1 Vanilleschote

1½ EL Agar-Agar-Flocken

150 ml Seidentofu

2 EL Zucker + etwas für die Karamellkruste

1 Prise Salz

1. Such vier Souffléförmchen heraus.

2. Gib die Sojamilch in einen Topf. Schneide die Vanilleschote der Länge
   nach auf, kratz so viel wie möglich von dem Mark heraus und gib es
   in den Topf. Gib dann auch die Vanilleschote selbst in den Topf. Gib die
   Agar-Agar-Flocken hinzu und lass alles 5 Minuten ziehen.

3. Koch die Milch auf und lass sie unter Rühren 5 Minuten köcheln. Lass
   sie abkühlen und nimm die Vanilleschote heraus.

4. Verarbeite den Seidentofu, den Zucker und das Salz in der Küchen-
   maschine oder einem Mixer zu einer homogenen Masse. Gib die
   Sojamilchmischung hinzu und pürier weiter, bis eine schön glatte
   Masse entstanden ist.

5. Gib die Masse in die Förmchen und stell sie mindestens 1 Stunde
   kalt.

6. Bestreu sie vor dem Servieren ganz dünn mit Zucker. Karamellisier
   den Zucker mit einem Crème-brûlée-Brenner, einem Gasbrenner für
   Skiwachs (Geheimtipp für alle, die genauso skiverrückt sind wie wir
   Norweger) oder unter dem Grill im Ofen.

Milchbrötchenfocacciamuffins

MITTEL 2 Stunden inkl. Gehen des Teigs

Milchbrötchen sind gut. Focaccia ist gut. Muffins sind gut. Und Milchbrötchen-focacciamuffins? Dreifach gut!

12 MUFFINS

500 g Weizenmehl

100 g Zucker

½ TL Salz

1 TL gemahlener Kardamom

½ TL Backpulver

100 g vegane Margarine

350 ml Sojamilch oder andere Pflanzenmilch

50 g frische Hefe

1 Portion Vanillecreme

200 g Heidelbeeren

1. Vermenge die Hälfte des Mehls mit dem Zucker, dem Salz, dem Kardamom und dem Backpulver. Gib die Margarine in Flocken in die Mehlmischung. Erwärme die Milch auf etwa 37 Grad. Lös die Hefe in der Milch auf und gib sie zur Mehlmischung. Verknete die Zutaten und gib das restliche Mehl hinzu, bis ein geschmeidiger Teig entstanden ist.

2. Deck die Schüssel mit Frischhaltefolie ab und lass den Teig an einem warmen Ort etwa 45–60 Minuten gehen, bis er seine Größe verdoppelt hat.

3. Such ein Muffinblech heraus und gib 12 große Muffinförmchen hinein, am besten mit Tulpenform (wie im Bild). Verteil den Teig auf die Förmchen. Jedes sollte maximal zu zwei Dritteln gefüllt sein. Drück mit dem Finger ein Loch in die Mitte jedes Muffins. Lass die Muffins noch einmal 20–30 Minuten gehen.

4. Heiz den Backofen auf 225 Grad vor. Wenn die Muffins so weit sind, vergrößerst du das Loch in der Mitte noch etwas und gibst die Vanillecreme hinein. Streu am Ende noch einige Heidelbeeren darauf.

5. Back die Muffins 15–20 Minuten im Ofen. Du kannst sie lauwarm oder kalt servieren.

TIPP: Selbstgemachte Vanillecreme ist immer toll, aber wenn du dir etwas Arbeit sparen willst, kannst du auch fertige vegane Vanillecreme kaufen. In gut sortierten Supermärkten findest du sie oft als Vanilledessert im Kühlregal bei den laktosefreien Produkten. Manchmal steht sie auch bei den trockenen Nährmitteln.

Oreo-Cupcakes

MITTEL 1 Stunde

BODEN / 12 CUPCAKES

1 Packung Oreo-Kekse
250 ml Sojamilch
2 TL Apfelcidre-Essig
100 ml Öl
180 g Zucker
40 g Kakaopulver
½ TL Natron
½ TL Backpulver
½ TL Salz
210 g Weizenmehl

1. Heb 6 Oreo-Kekse zum Garnieren auf. Gib die restlichen in die Küchenmaschine und verarbeite sie zu feinen Krümeln. Sei hier wirklich gründlich – wenn größere Stücke zurückbleiben, bekommst du später Probleme, wenn du die Glasur mit dem Spritzbeutel auftragen willst.

2. Heiz den Backofen auf 175 Grad vor. Gib 12 Cupcake-Förmchen in ein Muffinblech.

3. Verrühr mit einem Handrührgerät die Sojamilch und den Essig in einer Schüssel. Gib etwa ein Drittel der Oreo-Krümel, das Öl, den Zucker, das Kakaopulver, das Natron, das Backpulver und das Salz hinein. Verrühr alles gründlich miteinander. Gib zum Schluss das Weizenmehl hinzu und verrühr alles kurz bei hoher Geschwindigkeit und nicht länger als nötig. So wird der Teig schön luftig.

4. Verteil den Teig auf die Förmchen und back die Cupcakes 18–20 Minuten. Lass sie vor dem Verzieren abkühlen.

SCHOKOMOUSSE

200 g milchfreie Schokolade
200 ml Sojacreme
zum Aufschlagen

1. Schmilz die Schokolade im Wasserbad. Schlag die Sojacreme auf. Gib die geschmolzene Schokolade und das zweite Drittel der Krümel hinein und rühr dabei weiter. Stell die Mousse kalt, bis du sie brauchst.

GLASUR

100 g vegane Margarine
100 g veganer Frischkäse
240 g Puderzucker

1. Gib die Margarine, den Frischkäse, den Puderzucker und das letzte Drittel der Oreo-Krümel in die Küchenmaschine. Verarbeite alles zu einer glatten Creme. Bereite einen Spritzbeutel mit einer großen Öffnung vor. Gib die Schokomousse auf die eine und die Glasur auf die andere Seite des Beutels, sodass etwas von beidem aus der Tülle kommt, wenn du mit dem Verzieren beginnst.

2. Achte darauf, dass die Cupcakes wirklich völlig ausgekühlt sind, bevor du die Glasur aufträgst. Verteil die Glasur auf den Cupcakes.

3. Halbier zum Schluss die zurückbehaltenen Kekse und setz sie auf die Glasur.

Mississippi Mud Pie

MITTEL 1 Stunde

Dieser Kuchen besteht aus einem Boden aus Oreo-Keksen, einer Schicht Schokomousse und zum Schluss einer ordentlichen Portion Schokopudding. Das musst du einfach probiert haben. Es versteht sich von selbst, dass dieser Kuchen auf Kindergeburtstagen der Renner ist.

Vielleicht hältst du das jetzt für einen White-Trash-Kuchen, aber ich verspreche dir: Wenn du ihn in schmale Stücke schneidest und mit zwei asymmetrischen Streifen Himbeer-Coulis servierst, macht er auch in piekfeinen Dinnerrunden eine souveräne Figur.

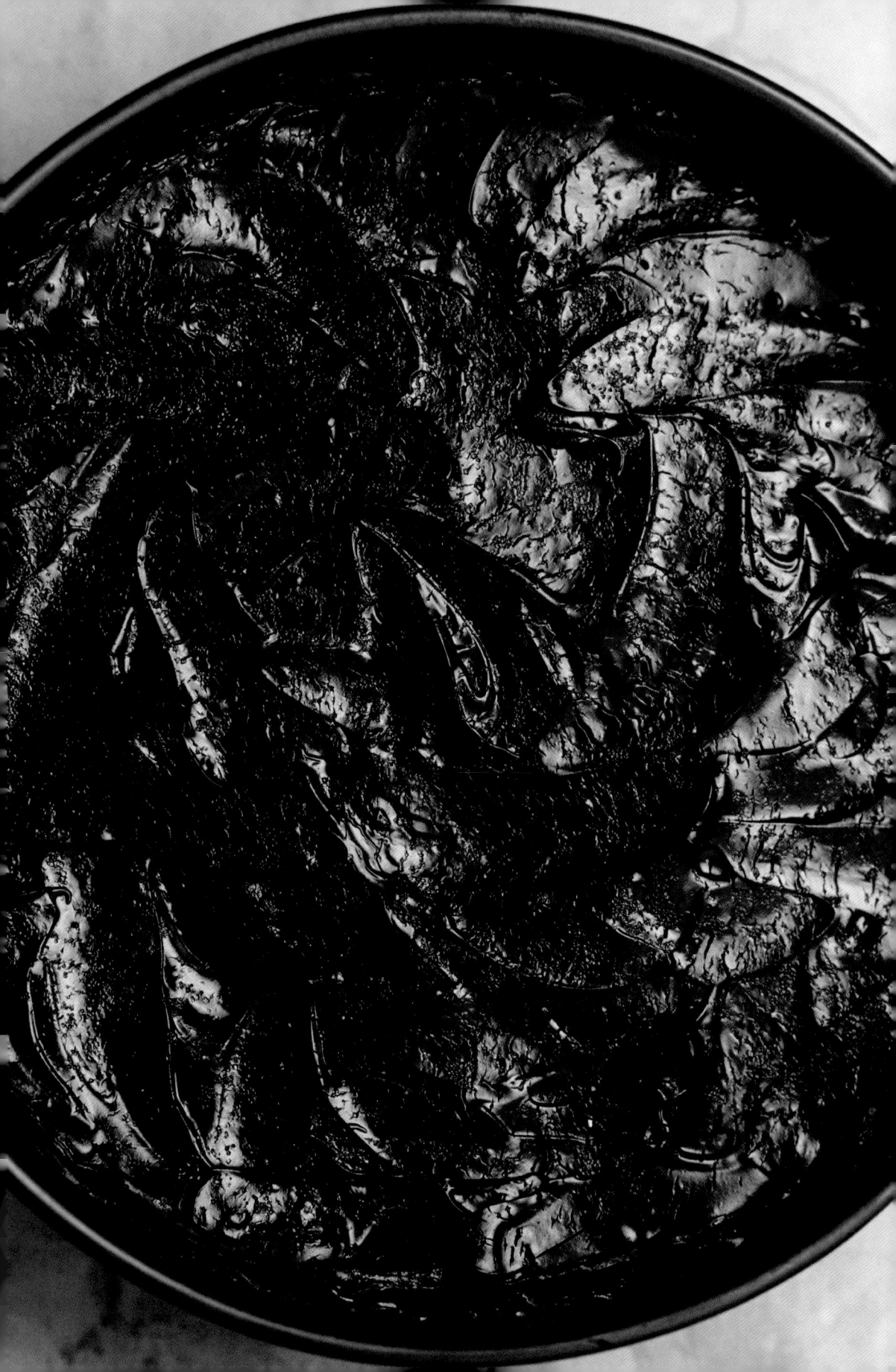

KUCHENBODEN

2 EL vegane Margarine

8 Oreo-Kekse

1. Such eine relativ kleine Springform heraus. Eine mit einem Durchmesser von 20 cm ist gut.

2. Schmilz die Margarine. Verarbeite die Kekse in der Küchenmaschine zu feinen Krümeln. Gib die Margarine hinzu und verarbeite beides zu einer Masse. Gib die Masse in die Form und drück sie am Boden fest. Stell sie kalt.

SCHOKOMOUSSE

300 g milchfreie Schokolade

350 g Seidentofu

50 ml Sojamilch

(am besten mit Schokogeschmack)

3–4 EL Ahornsirup

1 EL Kakaopulver

1 TL Vanillezucker

1. Schmilz die Schokolade im Wasserbad.

2. Gib den Seidentofu, die Sojamilch, den Ahornsirup, das Kakaopulver und den Vanillezucker in die Küchenmaschine. Verarbeite alles zu einer glatten Masse. Gib die geschmolzene Schokolade hinzu. Kratz die Schüssel mit einem Teigspatel aus. Verarbeite wieder alles zu einer glatten Masse.

3. Verteil die Schokomousse auf dem Kuchenboden und stell ihn kalt.

SCHOKOLADENPUDDING

55 g Speisestärke

700 ml Sojamilch

(am besten mit Schokogeschmack)

90 g Zucker

30 g Kakaopulver

100 g milchfreie Schokolade

1. Gib die Speisestärke und 200 ml der Sojamilch in einen Topf. Verrühr beides mit einem Schneebesen, bis sich die Speisestärke vollständig aufgelöst hat. Gib die restliche Milch, den Zucker und das Kakaopulver hinzu.

2. Koch die Flüssigkeit vorsichtig auf und rühr dabei regelmäßig um. Wenn sie kocht, reduzierst du die Hitze und lässt die Masse köcheln, bis sie eindickt. Das dauert etwa 5 Minuten.

3. Brich die Schokolade in kleinere Stücke und gib sie nach und nach hinzu. Wenn alles geschmolzen ist, nimmst du den Topf vom Herd. Lass den Pudding etwas abkühlen und verteil ihn dann auf der Schokomousse. Streu eine dünne Schicht Zucker darüber und stell den Kuchen kalt. Er wird innerhalb einiger Stunden fest und hält sich mehrere Tage im Kühlschrank.

Maple Bacon Cupcakes

MITTEL 1 Stunde

12 CUPCAKES

100 ml Sojamilch

1 TL Apfelcidre-Essig

2 EL brauner Zucker

100 ml Ahornsirup

75 ml Rapsöl

1 TL Vanilleextrakt

180 g Weizenmehl

1 TL Backpulver

½ TL Natron

etwas Salz

1. Heiz den Backofen auf 175 Grad vor. Gib 12 Cupcake-Förmchen in ein Muffinblech.

2. Verrühr mit einem Handrührgerät die Milch und den Essig in einer kleinen Schüssel. Rühr anschließend den braunen Zucker, den Ahornsirup, das Rapsöl und den Vanilleextrakt unter.

3. Sieb die trockenen Zutaten in eine große Schüssel. Gib die flüssige Masse hinzu und verrühr alles kurz kräftig miteinander.

4. Verteil den Teig auf die Förmchen und back die Cupcakes 20–22 Minuten. Lass sie auskühlen, bevor du mit dem Verzieren beginnst.

GLASUR UND VERZIERUNG

200 g vegane Margarine

2 EL Ahornsirup

240–300 g Puderzucker

1 Portion Kokos-Bacon

1. Verarbeite die Margarine und den Ahornsirup in der Küchenmaschine zu einer homogenen Masse. Gib Puderzucker hinzu, bis die Masse eine schön cremige Konsistenz hat.

2. Gib sie in einen Spritzbeutel mit einer großen Öffnung. Verzier jeden Cupcake mit reichlich Glasur. Garnier die Cupcakes zum Schluss noch mit Kokos-Bacon.

3. Servier sie!

TIERISCHE PRODUKTE ERSETZEN

Tierische Produkte wie Fleisch, Milch, Eier und Gelatine erfüllen in der Küche viele verschiedene Funktionen. Sie sollen sättigen, Nährstoffe liefern, als Bindemittel dienen, Geschmacksträger sein, Flüssigkeit zuführen und so weiter. Manche lassen sich ganz einfach durch pflanzliche Produkte ersetzen. Bei anderen ist dagegen etwas mehr Kreativität gefragt.

NÄHRSTOFFE

BOHNEN UND KICHERERBSEN

Dies sind ausgezeichnete Proteinquellen, die gut sättigen. Getrocknete Bohnen müssen eingeweicht (häufig 12 Stunden und mehr) und gekocht werden (etwa 1 Stunde vor der Verwendung). Bei Kichererbsen reicht das Einweichen oft aus. Rechne mit der doppelten Menge, falls du Bohnen aus der Dose verwendest.

LINSEN

Linsen stecken ebenfalls voller Proteine. Beim Kochen verdoppelt sich ihr Volumen, doch im Gegensatz zu Bohnen müssen sie nur selten eingeweicht werden. Rote Linsen lösen sich beim Kochen fast auf und eignen sich ausgezeichnet, um Suppen und Eintöpfen einen kleinen Proteinboost zu verpassen.

NÜSSE

Nüsse haben einen hohen Kaloriengehalt, sind aber auch randvoll mit Nährstoffen. Sie enthalten Proteine, Vitamine, Mineralstoffe, Antioxidantien, Ballaststoffe und gesunde Fettsäuren. Verschiedene Nüsse zählen zu den besten pflanzlichen Quellen von Omega-3-Fettsäuren. Außerdem sind Nüsse gute Sattmacher.

Nüsse können eingeweicht und in der Küchenmaschine zu einer sahneähnlichen Flüssigkeit verarbeitet werden, die sich wunderbar für cremige Suppen und Risotto eignet. Sie können auch pur – eventuell mit etwas Salz – in der Küchenmaschine püriert werden, bis sie eine butterartige Konsistenz bekommen. So ergeben sie einen fantastischen Aufstrich.

In zerkleinerter Form können sie zu Bratlingen oder Burgern verarbeitet oder für den zusätzlichen Nährstoffkick über Gemüsegerichte gestreut werden.

QUINOA

Quinoa ist eine raffinierte kleine Nährstoffbombe, die ursprünglich aus den Anden stammt.

Dank ihres hohen Nährwerts erweisen sich die kleinen Samen in der vegetarischen Küche als sehr nützliche Helfer. Sie stecken voller Proteine und enthalten außerdem Kalzium und Eisen sowie eine ordentliche Menge der essenziellen Aminosäuren Lysin, Methionin und Threonin.

Quinoa ist vielseitig einsetzbar: in Salaten, Suppen und Eintöpfen, in Grützen und gemahlen in Gebackenem. Am häufigsten wird sie als Beilage, ähnlich wie Bulgur, Couscous, Reis oder Pasta, verwendet.

Quinoa hat keinen sehr prägnanten Eigengeschmack und lässt sich deshalb gut mit Gewürzen aufpeppen. Sie hat eine weiche und angenehme Konsistenz.

Achte darauf, die Quinoa vor dem Gebrauch gründlich abzuspülen und sie nicht in zu viel Wasser zu kochen – sonst könnte sie eine breiige Konsistenz bekommen.

SAMEN UND KERNE

Samen und Kerne sind besonders reich an ungesättigten Fettsäuren und Proteinen. Sie können als Ersatz für Nüsse verwendet werden (sehr praktisch bei Allergien) oder auch über Salate und andere Gerichte gestreut werden, um für zusätzliche Nährstoffe und Biss zu sorgen.

GESCHMACK UND KONSISTENZ

UMAMI

Im Pflanzenreich sind die Geschmacksrichtungen salzig, süß, bitter und sauer häufig anzutreffen. Die fünfte Geschmacksqualität, umami, ist dagegen weniger weit verbreitet. Wenn es uns gelingt, auch diesen Geschmack zu erzeugen, erhalten wir eine geschmacklich vollwertige Mahlzeit.

Übersetzt bedeutet umami so viel wie „angenehm würziger Geschmack". Dieser findet sich häufig in fermentierten und gegärten Produkten. Einige gute vegane Quellen sind getrocknete Steinpilze, Sojasoße, Miso, sonnengetrocknete Tomaten, Hefeflocken und geräuchertes Paprikapulver.

KONSISTENZ

Vegetarische Gerichte sind häufig nicht gerade ein Erlebnis für die Kaumuskulatur, und oft fehlt auf dem Teller eine natürliche Hauptkomponente, die ansonsten das Fleisch liefert. Hier können Pilze, eine Aubergine, Nüsse und Panaden Abhilfe schaffen. Auch gebackene Polenta oder Gemüse in Blätterteig ist eine gute Alternative.

ALTERNATIVEN ZU MILCH

IN GEBÄCK UND DESSERTS:

- Sojamilch und Kokosmilch in gehaltvollen Kuchen und Desserts
- Reismilch und Mandelmilch in anderen Kuchen
- Mandelmilch schmeckt in Schokoladen- und Kaffeekuchen besonders gut
- vegane Margarine anstelle von Butter in Glasuren
- Öl anstelle von Butter in Rührteig
- Sojafrischkäse anstelle von normalem Frischkäse
- aufschlagbare Sojacreme, Hafercreme oder Kokoscreme anstelle von Schlagsahne
- Sojamilch mit Essig oder Zitronensaft anstelle von Buttermilch

IN HERZHAFTEN GERICHTEN:

- ungesüßte Sojamilch anstelle von Milch in hellen Soßen
- Hafercreme oder Sojacreme (zum Kochen) in Soßen
- vegane „Crème fraîche" in Soßen
- vegane Margarine und pflanzliches Öl zum Braten
- eingeweichte und in der Küchenmaschine pürierte Nüsse anstelle von Sahne in Soßen und Suppen

ALTERNATIVEN ZU EI

IN GEBÄCK UND DESSERTS:

- Banane und Apfelmus in Obstkuchen, um den Teig zu binden und saftig zu machen
- Möhren-, Süßkartoffel-, Kürbis- und Zucchiniraspel binden Kuchenteig und machen ihn saftig
- steif geschlagene Kichererbsenlake als Eischnee für Baisers und Makronen
- Sojacreme, Seidentofu und Kokoscreme in Mousse und Glasuren
- Leinsamen als Klebemittel
- Speisestärke, Backpulver und Kichererbsenmehl als Bindemittel
- Backpulver und Natron als Triebmittel
- Kichererbsenmehl und Seidentofu, um Teig saftig zu machen
- Sojamilch mit Essig oder Zitronensaft in trockenen Kuchen

IN HERZHAFTEN GERICHTEN:

- Seidentofu in Rührei, Omelett und Quiche
- Kichererbsenmehl in Omelett und Quiche
- Sojamilch anstelle von Eigelb in Mayonnaise
- Kichererbsenmehl, Weizenmehl, Speisestärke und Kartoffelmehl als Bindemittel in Bratlingen und Klößchen

ALTERNATIVE ZU GELATINE

Eine gute Alternative ist Agar-Agar (als Flocken oder Pulver), der zudem einen höheren Schmelzpunkt hat als Gelatine (sodass damit hergestelltes Gelee zum Beispiel auch in warmen Suppen serviert werden kann).

REZEPTEVERZEICHNIS

ZUTATENVERZEICHNIS

DANKSAGUNG

Vielen Dank an dich,
liebe Leserin, lieber Leser.
Ganz egal, ob du dieses Buch gekauft hast, geliehen hast oder als digitale Kopie vor dir hast: Danke, dass du diesen Rezepten eine Chance gibst.
Jede vegane Mahlzeit zählt, wenn es um den Schutz von Umwelt und Tieren geht. Das ist es, was mich antreibt.

Ganz herzlichen Dank an all die fantastischen Menschen, die mich aufbauen, statt mir Steine in den Weg zu legen. Danke, dass ihr es einer introvertierten Person mit einer sozialen Phobie jeden Tag ein bisschen leichter macht, sich in dieser merkwürdigen Welt zurechtzufinden.

Grab that book and let's do this
Instead of doodling hearts all
through this

Calle. Mein lieber, lieber Calle. Ich weiß, ich werfe mit Superlativen nur so um mich, aber du bist wirklich mein liebster Mensch auf der ganzen Welt. Ganz ehrlich. Davor oder daneben kommt keiner. Du bist mehr wert, als irgendjemand messen kann. Ich hab dich so unglaublich lieb, dass ich dafür gar keine Worte finde. Danke, dass du immer für mich da bist, an guten und vor allem auch an schlechten Tagen. Du verstehst mich immer, du willst immer helfen, du bist so dankbar und echt, und alles, was du tust, ist richtig. Die Welt erscheint mir nicht mehr ganz so überwältigend, wenn ich weiß, dass du mit mir hier bist.

Ich hoffe, wir bleiben den Rest unseres Lebens Freunde. Bitte lass uns den Rest unseres Lebens Freunde bleiben!

PS: Bonus-Dankeschön dafür, dass du mich Kristine, Lene und Tore vorgestellt hast. Tobias lässt grüßen und wetzt die Krallen.

Henri.

Dennis.

Tobias.

Mathieu Flamini.

Elin, meine phänomenale beste Freundin! *Thank you for the music.* Und ein Dankeschön an deinen super Sidekick Oddvar für die vielen Späße und Verrücktheiten.

Julian. Thanks for being so happy to help all the time.
I hope people are equally nice with you!

Tamara. Wir sollten nicht dir zu deiner norwegischen Staatsbürgerschaft gratulieren. Wir sollten Norwegen gratulieren, dass du dich für uns entschieden hast! Du bist die am wenigsten egoistische und einfach beste Person, die ich jemals getroffen habe. Natürlich hast du es dir nicht nehmen lassen, auch bei diesem Buch zu helfen, und das, obwohl du sicher tausend bessere Dinge mit deiner Zeit hättest anfangen können.

Tor. Wenn ich dem Internet eines zu verdanken habe, dann ist es, dass ich dich kennengelernt habe. Du bist mein Lieblingsmensch, und ich bin so unglaublich stolz auf dich, in jeder erdenklichen Weise.

Alexandria. Vielen Dank für die guten Gespräche und deine Hilfe mit dem Buch, als ich sie am dringendsten brauchte!

Paal. Danke, danke, danke, danke, DANKE!!

Miriam, Anders, Andreas, Ole Bjørn, Linn, Flip und Melvin. *So hold on to the ones who really care, in the end they'll be the only ones there.* Ich liebe euch. Danke, dass ihr immer, immer, immer für mich da seid, und danke, dass ihr euch all den Blödsinn gefallen lasst, den ich mir ausdenke. Danke, dass ihr mir zuhört, wenn es gerade schwierig ist, und dass ihr mich aushaltet, wenn ich mich nicht einmal selbst aushalte. Ein Extra-Dankeschön an dich, Anders, für den unendlichen Enthusiasmus, den du jedes Mal an den Tag legst, wenn du etwas isst, das ich gekocht habe. Ich werde nie genug davon bekommen, zu hören, dass das das Beste ist, was du jemals probiert hast. Uuuund ein Extra-Dankeschön auch an Miriam – du bist so lieb und gut und anständig und zuverlässig. Linn und Ole Bjørn – ihr seid mein Lieblingspaar, nicht nur, weil ihr die Einzigen seid, die mich zum Essen einladen, sondern auch, weil ihr beide einfach unglaublich cool und lieb und fantastisch seid.

Kjell Arild, Karianne, Aleks, André, Andreas, Helene, Lars, Mabel, Robert, Silje und nicht zuletzt Stephan.

André, Marita, Stine, Silje, Ane, Hanna und Sara – ihr seid Superstars. Und auch Mari, selbst wenn sie dieses Mal nicht mit dabei sein konnte. Ich werde die Hilfe nicht vergessen.

Cathrine – für die gemeinsame Reise in den letzten 5–6 Jahren.
Danke, dass du bist, wie du bist.

Tina

Betty and the girls at the gym

Lena und Egil

Lise und Rune

Liz, Eli und Cecilie

Adnan, Felix, Anne Iren, Anne Iren

Ich danke meiner Familie, allen voran meiner Mutter, die für das Essen in diesem Buch ihre Gesundheit geopfert hat.

Ørjan – danke für deine Geduld. Danke, dass du die Ruhe und die Übersicht behältst, und danke für die sprudelnd gute Bergenser Laune, mit der du immer alle ansteckst. Es braucht Mumm, um ein eingespieltes Trio herauszufordern, und wie du unserem fröhlich-kreativen Chaos System gegeben hast, ist schlicht und einfach beeindruckend.

Birgit, Lennart und Anders – ich hoffe, wir sind immer noch Freunde! Ganz besonders an dich, Anders, vielen Dank, dass du nicht lockerlässt und einfach ruhig und freundlich bleibst und alles richtest.

United Influencers – danke, dass ihr mir den Glauben an mich selbst und meinen Blog gegeben habt. Ich weiß es so sehr zu schätzen, wie ihr mir dabei geholfen habt, auf allen Kanälen besser zu werden. Ich habe nicht nur echte Blog-Kollegen, sondern auch echte Freunde in euch gefunden.

Henrik und Yngve. Danke, dass ihr bei meinem Buch mitmachen wolltet. Ich schaue auf zu euch beiden und bin echt stolz, euch mit im Team zu haben. Eure Texte sind wunderbar, und ich finde es fantastisch, dass beide nichts mehr mit dem Briefing zu tun haben und trotzdem voll ins Schwarze treffen. Hege: Du bist die coolste Ehefrau aller Zeiten.

Meine lieben Kollegen im Café und am Ticketschalter des Rogaland Teater, die in dieser Zeit so viel Rücksicht genommen und mich so unglaublich toll unterstützt haben. Danke, ihr seid der beste Fanclub der Welt! Verratet den Schauspielern nicht, dass ich das gesagt habe, aber für mich seid ihr die größten Stars im Haus. Euch kennen und lieben gelernt zu haben, war ein Abenteuer.

Ich danke all euch fantastischen Menschen vom Beverly Hills Fun Pub, von Nettmat, Social Cooking, Gladmat, Olavstoppen, Bouvet und Figgjo. Mein besonderer Dank geht an Tine und Svein Ole vom Bouvet für die liebevolle Unterstützung und die Hilfe mit dem Buch, und an Sigve, Martin, Morten, Kristian, Sandra, Oddbjørn, Kim++, ihr seid die besten Kollegen, die man sich wünschen kann. Und Kim: Das mit Rune Rudberg bleibt unter uns.

Silje, Rune, Ola, Frank, Sally, Heidi, Synne und ihr anderen. Danke für euren Einsatz für Tiere. Das motiviert mich selbst an den schwersten Tagen dazu, weiterzumachen.

Clara and Esther

Annika und Erik
Ich verbeuge mich zutiefst vor euch! Danke, das Buch sieht fantastisch aus. Danke, Annika, dass du immer dafür sorgst, dass ich mit beiden Beinen fest auf dem Boden stehe, und danke, Erik, dass du mich gleich wieder umwirfst. Ohne euch hätte ich es nicht geschafft. Nicht mal ein bisschen. Ihr seid beide einfach fabelhaft, und ich schätze mich unglaublich glücklich, dass ihr beide Teil meines Lebens seid.

PS: Annika – du hattest ja um ein Projekt gebeten…

Um Fat Amy zu zitieren: *I got all I need when I got you and I*

Während der Produktion dieses Buches sind keine Tiere zu Schaden gekommen, aber Flip (rechts) hat eine Tasse Olivenöl getrunken. Zum Glück hat er keine bleibenden Schäden davongetragen (dafür aber ein seidig glänzendes Fell).

ISBN 978-3-948230-04-3
1. deutschsprachige Ausgabe, 1. Auflage 2019
© 2019 Mentor Verlag, Berlin Deutschland
Alle Rechte vorbehalten
www.mentor-verlag.de

Du hast Fragen, Ideen oder Anregungen?
Melde dich per Mail bei uns: service@mentor-verlag.de
Wir freuen uns!

Norwegischer Originaltitel: „Sykt godt"
ISBN: 978-82-93428-04-6
© 2019 Frisk Forlag AS, Stavanger, Norwegen

Fotograf: Erik Sæter Jørgensen
Umschlaggestaltung: Paal Ariel Smith-Hofstad
Food-Stylistin: Annika Herold
Redaktionelle Beratung: Birgit Kolboe
Design und Layout: Annika Herold und Ørjan Steffensen

Weitere Fotografen:
Mari Hult, Seite 4, 9, 15, 109 und 167
Bjørg Hult, Seite 159 und 200